迷いを一瞬で消せる「最《さい》後《ご》心《しん》」の心構え

植西 聰

はじめに

「今日が人生最後の日になる」という意識を持ちながら生きると、これまでの人生が劇的に変わります。

自分にとって今、もっとも大切なものは何なのか、ということがわかってきます。

「自分がやりたいことに思いっきりチャレンジしたい。自分らしく生きたい」という気持ちが一層強まっていきます。

これまで、世間体や、周りの人たちの評判や、常識といったものを気にして、できなかったことに思い切って挑戦する勇気が生まれてきます。

覚悟を決めて行動できるようになります。

家族や友人などに感謝する気持ちが、これまでよりもさらに強くなります。

寛容の精神を持って、人とつき合っていけるようになります。

今まで許せなかったことを、広い心で許せるようになります。

時間の使い方が上手になります。

これまで心を占めていた不安や心配といったものが、ウソのように消えていきます。

そういう意味では、来る日も来る日も、毎日毎日、「今日が最後の日になる」と意識しながら生きていくことが大切です。


「今日が人生最後の日になる」という意識を持つことの効用を、じつは、多くの成功者たちが知っていました。

詳しくは本文にて説明しますが、たとえば、アップルの創業者であるスティーブ・ジョブズは、「来る日も来る日もこれが人生最後の日と思って生きる。そうすればいずれ必ず、間違いなく思いどおりになる日がくるだろう」と述べました。

古代ローマの詩人であるホラティウスは、「毎日自分に言い聞かせよ。今日が人生最後の日だと。そうすれば、予期していなかったような驚きの時間が訪れる」と述べました。

仏教には、「一日一生《いちにちいっしょう》」という言葉があります。

「一生は、今日という日の中で完結する」という意味を表す言葉です。

このような「今日が人生最後の日になる」という意識を、「最後心《さいごしん》」と言います。

実際には今日が最後の日になるわけではありませんが、この「最後心」を持って生きていくことで、人生がポジティブで、すばらしいものになるということを、読者の皆様にお伝えしたいと思い本書を書きました。

「最後心」を持って生きることは、あまり難しいことではありません。

自分の「最後の日」を意識しながら生きていくだけでいいのです。「最後の日」を想像するなんて怖いと思う人もいるかもしれません。

しかし、「最後の日」を意識することで、実際には、今日という日を大切に生きていきたいという気持ちが強まります。

そして、一日一日を大切に生きていくことで、かえって明るい未来がひらけてきます。

「今日が最後の日になる」と意識することで、心がポジティブになり、未来の人生がすばらしいものになっていくのです。

著者

もくじ

第2章 自己実現を目指し、自分らしく生きる

第3章
寛容の心を持って、人とともに生きる

第4章 感謝して、そして許していく……083

第5章 覚悟を決めて、迷いから抜け出す

第6章 「先延ばしグセ」をやめる

第7章 今日という日を十分に楽しむ

第8章 欲や悩みから離れて、心安らかに生きる……169

第9章 心配や後悔を捨てて、今日という日を生きる……191

第1章 今日という日を「人生最後の日」だと思う

「明日、自分は生きているかはわからない」と思って生きる

1 「最後心」を持って生きることで、今日という日が充実する

「毎日、これといったやりたいこともなく、ボンヤリとした気持ちで生きている」と言う人がいます。

その人自身はきっと、そのような「やる気のない状態」から抜け出したいと考えていることでしょう。

しかし、自分が情熱を傾けられる大切なものが見つからず、なかなか「やる気のない状態」から抜け出せないと思います。

そういう人へのアドバイスとして、「最後心を持って生きる」ということ、が挙げられます。

「最後心」とは、「今日という日を、人生最後の日だと思う」ということです。

「最後心」を持つことによって、意識の持ち方が大きく変わるのです。

そうなると、自分の人生には「今日」という日しか残されていないのですから、

ボンヤリなどしていられません。

「今日、私は何をしなければならないのか」ということを一生懸命になって考えます。

そして、一生懸命になって考えれば、案外簡単に「自分は何をしなければならないのか。自分にとって何が一番大切なのか」というものが見つかるのです。

また、この「最後心」を持つことによって、力強い行動力も生まれます。

今日中にどこまでできるかわかりませんが、「とにかく、やってみるだけのことはやってみよう」という行動力が生まれるのです。

その結果、今日という日を、とても充実したものにできるのです。

自分自身の心にも大きな満足感が得られます。

そのための大切なコツが、「最後心」なのです。

最後心によって
「充実した一日」を実現できる。

2 毎日毎日「今日が最後の日」と思って生きていく

「最後心」とは、「今日という日を、人生最後の日だと思って生きる」ということです。

そういう意識を持って生きることで、今日という日を充実したものにできます。

もちろん、実際には、明日という日はやって来ます。

しかし、明日になったらそこでまた、「今日という日を、人生最後の日だと思って生きる」のです。

そのように毎日毎日を「今日は最後の日」と思って生きていくことで、結果的に、すばらしい人生が実現するのです。

パソコンやスマートフォンのメーカーである現在のアップルの創業者スティーブ・ジョブズは、「来る日も来る日もこれが人生最後の日と思って生きる。そうすればいずれ必ず、間違いなく思いどおりになる日がくるだろう」と述べました。

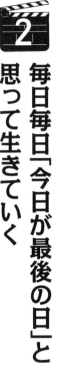

この言葉には、まさしく「最後心」が表れていると思います。

「今日が人生最後の日」と意識することで、「自分の夢に向かって、今日という日を一生懸命に生きていこう」という意欲が高まります。

もちろん頭もフル回転しますし、強い行動力も生まれます。

そのようにして毎日毎日を「今日が人生最後の日」と意識し、充実した日を一日一日積み重ねていくことができれば、いつの日にか必ず、大きな夢を達成する日がやって来るのです。

大きなことを成し遂げて、みんなから拍手喝采を浴びるときがやって来るのです。

言い換えれば、大切なことは、「今日一日をいかに生きるか」ということです。

今日という日を、いいかげんな気持ちで過ごしてしまう人は、いつまで待っても、「思いどおりの人生」を手にすることはできないでしょう。

大きな夢を叶えるコツは「最後心」にある。

3 「今日は最後の日」と考えることで、時間の大切さがわかってくる

「時は金なり」ということわざがあります。

「時間」というものは、「お金」と同じように人生にとっては非常に大切なものです。

お金を無駄づかいしてはいけないように、時間というものもやはり無駄に使っていてはいけない、ということを語ったことわざです。

言い換えれば、時間を無駄づかいせず、時間を大切にして生きていく人が、やがて大きな幸せを手にすることができるのです。

この「時間を大切にする」という意味でも、「最後心」を持つことが有効です。

「今日という日が、人生最後の日になる」という意識を持つことで、「時間を無駄にできない」という意識がより強く働きます。

そして、一分一秒たりとも無駄にはできない、という気持ちが強くなるのです。

残された時間を意識すると、時間には限りがあることに気づきます。「ボヤボヤしている暇なんてない。がんばっていかなければならない」といった意識が増していくのです。

ゆえに、「最後心」を持つことによって、時間を大切にして生きていけるようになります。

その結果、気力や活力がわいてきて、わずかな時間を使って、効率的に、より大きな成果を出せるようになります。

そのような「時間を大切にする」という日々を毎日毎日続けていけば、やがて大きなことを成し遂げる日がやってくるのです。

人生は、一日一日の積み重ねです。いかにして充実した日々を積み重ねていくかという考えが非常に大切になってきます。

そのために「最後心」を持つことが有効です。

時間を大切にできる人が、
人生の成功者になる。

4 「最後心」が、幸運を引き寄せる原動力になる

古代ローマの詩人であるホラティウスは、「毎日自分に言い聞かせよ。今日が人生最後の日だと。そうすれば、予期していなかったような驚きの時間が訪れる」と述べました。

この言葉にある「予期していなかったような驚きの時間が訪れる」とは、「信じられないような幸福に満ちた時間がやって来る。そういう幸せな人生を実現できる」といった意味です。

そして、そのような幸せな人生を実現するためには「最後心」を持つということが大切になってきます。

つまり、「毎日毎日、自分自身に、『今日が人生最後の日だ』と言い聞かせていく」ことなのです。

「今日が人生最後の日」と意識を持って生きていくことで、「今日という日を一生懸命に

生きる」「時間を大切にしていく」という意識が生まれます。

大切なのは「今日」、そして「今」なのです。

この「今」に集中し、全力で生きていくことが大切です。

そうすることがさまざまな幸運を引き寄せてくれます。

信じられないような幸運が人生に訪れます。

奇跡としか思えないような、すばらしい出来事が起こるのです。

そんな幸運や奇跡を引き寄せてくる原動力が「最後心」なのです。

逆の言い方をすれば、「今」という時間を大切にすることなく、ボンヤリと過ごしている人は「幸運を引き寄せる力」がどんどん弱まっていってしまいます。

幸運を引き寄せる力を持つためには、「最後心」を持って、今という時間を大切にしながら生きていく習慣を身につけることが重要です。

「最後心」を持つと、
信じられないような奇跡が起こる。

5 「明日、自分は生きているかどうかはわからない」と思って生きる

今日やらなければならないことがあるのに、「面倒くさいから、明日やればいい」と先延ばしにしてしまう人がいます。

このようにいつもいつも「明日やればいい」と考えてしまう人は、残念ながら、思いどおりの人生を手にすることはできないでしょう。

むしろ、「こんな人生を実現したい」という願望から遠ざかっていくばかりでしょう。

したがって願望を実現するためには、「最後心」を持って、今日という日を全力で生きていくことが大切です。

仏教の創始者であるブッダは、「ただ、今日やるべきことを熱心にすることが大切だ。明日、自分が生きているかどうかわからないのだから」と述べました。

ブッダがこの言葉で言っているとおり、明日、もしかしたら事故にあうかもしれません。

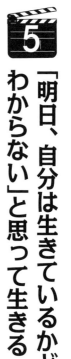

今は健康であっても、明日、病気になるかもしれません。

自分の運命がどうなるかなど、だれにもわからないのです。

したがって、ブッダは「明日のことを考えるのではなく、今日やるべきことに集中して取り組むことが大切だ」と教えているのです。

このブッダの言葉が意味するものも「最後心」にあると思います。

だれでも、明日、自分の人生がどうなってしまうかわかりません。

ですから、大切なのは、今日ということになります。

今日という日を人生最後の日だと思って、今日やるべきことを大切にしていくことが重要です。

ブッダもまた、「最後心」というものを持って生きていた人だと思います。

そして、「最後心」によって、大きな悟りを成し遂げた、と言えるでしょう。

明日はないかもしれない、
だから今日を大切にする。

6 「最後心」があるからこそ、強い気持ちでこの世を生きていける

浄土真宗の開祖である親鸞《しんらん》は、次のような和歌を詠《よ》みました。

「明日ありと思ふ心のあだ桜
夜半《やはん》に嵐の吹かぬものかは」

というものです。

現代語訳すると、「今日咲いている桜の花が、明日も咲いていると思ってはいけない。夜のうちに嵐がやって来て、桜の花は一晩で散ってしまうかもしれないのだから」という意味になります。

この和歌にある「桜の花」とは、じつは、「人の命」の比喩《ひゆ》になっています。

「自分の命が明日もあると思ってはいけない。夜のうちに何かアクシデントがあって、明日は生きていないかもしれないのだから」ということを述べているのです。

この親鸞の言葉は、「最後心」の大切さを示しているように思います。

つまり、「明日は生きていないかもしれないのだから、今日という日を人生最後の日と思って一生懸命に生きていかなければならない」ということです。

仏教には、開祖ブッダの時代から、このように「今日は人生最後の日だと思って生きる」という考え方が受け継がれてきました。

このような「最後心」を持って生きてこそ、さまざまな雑念に惑わされることなく、やるべきことに専心していけるのです。

また、「最後心」を持って生きてこそ、心配や不安に心を乱されることなく、悟りという心の安らぎに到達できるのです。

「最後心」という仏教の考え方は、現代人が前向きな気持ちで生きていくためにも参考になる点が多いと思います。

「最後心」には、幸福に生きるためのヒントが数多くあるのです。

自分の命が
明日あると思わない。

7 マンネリを打破するためには「最後心」が必要になる

仕事や暮らしがマンネリになっていくにつれて、人はつい、「今日という日の大切さ」についての意識が弱くなってしまいます。

「今日もまた同じことの繰り返しか」とのウンザリとした気持ちから、ついボンヤリと、ただ何となく今日という日を過ごしてしまいがちです。

しかし、そのようにウンザリ、ボンヤリとした気持ちで生きていても、充実した人生にならないと思います。

むしろ何もする気が起こらなくなってしまうかもしれません。

自己の成長もなく、人間性は衰《おとろ》えていくばかりなのです。

そうならないためには、マンネリ感から抜け出すことが大切です。

そんなマンネリ感から抜け出すためのコツの一つが、「最後心を持つ」ということなのです。

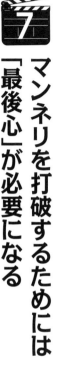

「明日はない。今日が人生最後の日だ」という意識を持つことで、人は、「それでは、自分自身の人生にとって、本当に大切なことは何なのか」について真剣に考え始めます。

そして、その「大切なこと」に気づきます。

「これに挑戦しない限りは、死んでも死にきれない」というものが見つかるのです。

すると、「毎日繰り返しやっている同じこと」から一歩抜け出して、何か新しいことにチャレンジする意欲も生まれてきます。果敢な行動力も出てきます。エネルギーに満ちあふれてきます。

それが、マンネリを打破することにつながるのです。

命じられた仕事を、ただ命じられたとおりにやっていくだけでは、生きていてつまらないと思います。

人生をおもしろくしていくための原動力になるのも「最後心」なのです。

「明日はない」という意識を持って
マンネリを打破する。

8 毎日毎日を「空過」することなく、「勝過」していく

仏教に、「空過《くうか》」という言葉があります。

この言葉は、「空《むな》しく過ごす」を意味します。

ボンヤリとした気持ちで暮らしていく、ということです。「そのうち、そのうち」という生き方です。

このように日々を「空過」していくのでは、人生がおもしろくないと思います。

楽しいこと、うれしいこと、喜ばしいことは何も起きないからです。

人によっては、生きることが嫌になっていくばかりでしょう。

そうなれば、幸福な人生から遠ざかっていくことになりかねません。

ですから仏教は、「日々を空しく生きていってはいけない」と教えるのです。

一方で、この「空過」とは反対の意味を持つ言葉に「勝過《しょうか》」があります。

これには、「一日一日を大切にして生きる」という意味があります。

つまり、「一日一日を大切にして生きる」ことこそが空しく過ごさない生き方だというのが、仏教の考え方なのです。

この「勝過」ということを心がけて生きていってこそ、後悔することのない、すばらしい人生を実現できると思います。

仏教の言い方で言えば、大きな悟りを得て、永遠の心の安らぎを得られるのです。

では、どのようにすれば一日一日を大切に生きていけるようになるのかというと、そのコツの一つが「最後心を持つ」ことなのです。

「今日が人生で最後の日」という意識を持つことで、「その最後の日を精一杯がんばって生きていかなければならない」と思う気持ちが強くなるのです。

そのような意識を持って、毎日毎日を「勝過」していくことによって、喜びにあふれた人生が実現すると思います。

毎日毎日を「勝過」していけば、
その人生はすばらしいものになる。

9

「一日一生」の心がけで、全力で今日を生きる

仏教には、「人は朝生まれて、夜には死ぬ。そして翌朝には、また新しい自分として生まれ変わるが、夜になると再び命を終える。そのようにして毎日毎日、新しく生まれては死んでいく」という考え方があります。

また、このような考え方を「一日一生」と言います。

人は夜になって眠っている間に一度死ぬと考えるのです。

つまり、「今日という日が、人生最後の日」とするのです。

明日になれば、明日という日が、また「人生最後の日」になるのです。

したがって、あとになってから「もっと、がんばっておけばよかった」とか、「あの時、怠《なま》けておくんじゃなかった」と後悔したくないならば、毎日を「一日一生」という意識を持って生きていくことが大事です。

「今日という日で、自分の一生は終わる。自分に残されているのは、今日一日だけだ」と考えて、今日できることに集中して生きていくことが大切です。

言い換えれば、このように「一日一生」の意識を強く持って生きていくことで、大きなことを成し遂げることができると思います。

こうして、全力で一日を生ききれば、その心地よい疲労感から、夜はぐっすりと眠れるでしょう。

そして、熟睡することで、新鮮な気持ちで翌朝を迎えることができます。

まさに生まれ変わったような新鮮な気持ちで、翌日のスタートを切ることができるのです。

そのように、今日するべきことに集中し、夜はぐっすりと眠り、そして新鮮な気持ちで翌朝を迎える、というパターンを繰り返していくことが、「最後心」を持つ人生につながります。

心地よい睡眠のために、
今日を全力で生きる。

10 「最後心」を持つことで、「やりたいこと」がすぐ見つかる

「今日が人生最後の日だったらどうするか」ということを想像したとき、多くの人は、「自分が本心からやりたいと願うことを思う存分やりたい」といったことを考えるのではないでしょうか。

その時、「でも、その『やりたいこと』が何なのかわからない」と思う人もいるかもしれません。

しかし、「今日が最後の日」という思いを強く持ちさえすれば、その人は自分にとっての「やりたいこと」を真剣に考えるはずです。

それというのも、自分に残されている時間はわずかだからです。

残されている時間は、今日という日しかないからです。

グズグズしていたら、「やりたいこと」が見つからないまま今日という日が過ぎ去って

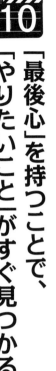

しまいます。

そこで、頭をフル回転して、自分にとっての「やりたいこと」を探すはずです。

そこまですれば、だれもが自分にとっての「やりたいこと」を見つけ出すことができるのではないでしょうか。

これは、言い換えれば、「一日一日を、自分ならではの課題を持って生きていく」ということにつながります。

「今日は、こういうことをやりたい」「今日は、これを実現するためにがんばろう」という課題が見つかるのです。

毎日、このような自分ならではの課題を持って、その課題を達成するために集中していくことが充実した人生へとつながっていくのです。

そして、そのようなポジティブな生き方を実践するための大切なコツが「最後心」なのです。

毎日、自分ならではの
課題を持って生きる。

11 「最後心」を持つことで、強い集中力が生まれてくる

「最後心」を持つことで、強い集中力を発揮できるようになります。

また、「最後心」を持つことで、果敢な行動力を発揮することができるようになります。

というのも、自分に与えられている時間は「今日」という日しかないからです。

「明日」という日はないからです。

グズグズしていたら、今日という日はアッという間に過ぎ去ってしまうでしょう。

したがって、自分がやりたいことに向かって、自然に、集中力と行動力を発揮できるようになるのです。

仏教の言葉には、「無常迅速《むじょうじんそく》」というものがあります。

「時間というものは、アッという間に過ぎ去っていく」といった意味を表しています。

ボンヤリしていたら、またたく間に寿命に近づいていくのです。

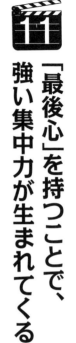

もしかしたら、明日は命などないかもしれません。

まさに、自分にとっては、今日という日しか残されていないかもしれないのです。

ですから、今に集中し、今日一日を積極的に行動していくことが大切です。

つまり、「最後心」を持って生きていくことが大事なのです。

「集中力がない」

「行動力がない」

と劣等感を持っている人もいるかもしれません。

そのような人は、「最後心」を持って毎日毎日を暮らしていくように心がけるのがいいと思います。

時間の使い方が、これまでとまったく違ったものになっていくのではないでしょうか。

そうすれば、より充実した、生産性の高い人生を実現できるようになるでしょう。


集中力がない性格を「最後心」で改善する。

第2章
自己実現を目指し、自分らしく生きる

空気は読みすぎず、
言いたいことを主張していく

1 自分らしい生き方を実現するためにも「最後心」が役立つ

アメリカの心理学者にアブラハム（エイブラハムとも言う）・マズローがいます。彼は次のような「欲求の五段階説」を唱《とな》えました。

①生理的欲求…「食べたい」「寝たい」といった人間の生物学的な欲求。

②安全欲求…「危険を避け、安心して安全に生きていきたい」という欲求。

③社会的欲求…「友だちや家族がほしい」だとか、「社会の一員として、労働や奉仕活動など社会的な役割を果たしていきたい」という欲求。

④承認欲求…「世の中で認められたい」「多くの人から尊重してもらいたい」「たくさんの人から愛されたい」と思う欲求。

⑤自己実現欲求…「自分の能力や才能を十分に生かし、自分らしい個性的な人生を築き上げていきたい」と願う欲求。

マズローは、人間には、以上の五段階の欲求があると考えたのです。

もちろん、人間が幸せ感を持って生きていくためには、「生理的欲求」「安全欲求」「社会的欲求」「承認欲求」が満たされることが大事です。

しかし、人間がもっとも大きな喜びを感じるのは、最後の「自己実現」の欲求が満たされることだと、マズローは説くのです。自己実現欲求とは、自分が持っている能力や技術を存分に発揮し、理想の自分になりたいという欲求です。また、「生理的欲求」「安全欲求」「社会的欲求」「承認欲求」の四つが満たされていたとしても、自分に適したことをしていると感じていない限り、すぐに新しい不満が生じてしまうといいます。

まさにそのとおりだと思いますが、ここで大切になってくるのは、ではどうやって「自己実現」を叶えていくかという問題です。

じつは、自己実現、つまり、「自分の能力や才能を十分に生かし、自分らしい個性的な人生を築き上げていく」という意味でも、「最後心」が大いに役立つのです。

「自己実現」にこそ、
人はもっとも大きな喜びを感じる。

2 今日が人生最後の日だったら、何をやりたいと思うか？

アメリカの実業家であるスティーブ・ジョブズは、前にも記したように「もし今日が人生最後の日だとしたら、人は、『今やろうとしていることは本当に自分のやりたいことだろうか』と自分に問いかけるだろう」と述べています。

これは、スティーブ・ジョブズが「最後心」を持つことの大切さを説いた言葉だと思います。

「最後心」を持つことで、つまり、「今日が人生最後の日だ」という意識を持つことで、人は自分自身に、「今やろうとしていることは本当に自分のやりたいことだろうか」「本当に自分がやりたいこととは何なのだろう」と問いかけます。

それが「自己実現」の出発点になるのです。

そのように自分自身に問うことで、

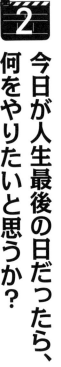

「今やっていることは、自分の能力や才能を十分に生かすことには役立たない」と気づくこともあるでしょう。

あるいは、「これをやったほうが、自分らしい個性的な人生を築き上げていく上ではいいのではないか」と気づくこともあるのです。

そして、そうした気づきによって、自分の人生の方向性を「自己実現」へと向けていくことができるようになるのです。

そのように「最後心」を持つことから出発して、本当の意味で自分らしい人生とは何かを考え、「自己実現」へと向かっていくことで、より充実した実りある人生を実現することができるのです。

この「自分らしい人生」を築き上げていくことが、もっとも大きな生きる喜びと満足感をもたらしてくれます。

そういうポジティブな方向へ人生を導くきっかけを作るのが、「最後心」なのです。

個性を輝かす生き方をしたいと思ったら、「最後心」を持つ。

3 「自己実現」に大切なことは、「今行動する」ことにある

「自己実現こそが、人生でもっとも大きな喜びになる」という考え方を説いたアメリカの心理学者、アブラハム・マズローは、「過去を後悔し、未来を心配するのもいいが、行動できるのは今だけだ」と述べました。

過去の失敗を後悔したり、未来のことを心配したりする人はたくさんいます。

しかし、過去の失敗などをいくら後悔しても、能力や才能を十分に生かして世間の脚光を浴びるような業績は残せないでしょう。

未来のことをいくら心配しても、個性的な人生を築き上げて、「生きていて良かった」と満足することはできません。

むしろ、後悔や心配という感情は、心を暗くします。さらに、心を「私ほどダメな人間はいない」というネガティブな気持ちで満たしてしまいます。

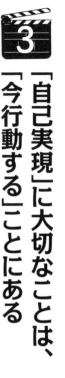

もし能力を生かした個性的な生き方をして、喜びと満足に満ちた人生を実現したいならば、「今、それに向かって行動する」ということが大切なのです。

過去の後悔や、未来への心配といったことを捨て去って、今やるべきことに全力を出し切るのです。

「今をがんばる」ということでしか「自己実現」は達成できません。

マズローは冒頭の言葉で、そのように主張しているのです。

そして、「今を生きる」「今をがんばる」ということのために大切なのが、「最後心」なのです。

「今日が人生最後の日だ」と考えれば、後悔や心配といった感情に惑わされることなく、今日やるべきことだけに集中できるようになります。

その結果、「自己実現」を達成できるのです。

後悔や心配を捨て去って、
今に生きる。

4 「後悔しない人生」のために大切なこととは？

次のような話があります。

オーストラリアのある終末医療を行なう病院で、患者さんたちに「今、後悔していることとは何ですか」と尋ねてみたところ、多くの患者さんたちが「これまで私は、人に合わせることばかり考えてきた。自分の気持ちに正直に生きる勇気がなかった」と答えたと言います。

人には、「周りの人たちと協調していくことが大切だ」という気持ちがあります。

特に、会社員のように組織の中で働いている人には、こういう気持ちが強いのではないでしょうか。

もちろん、相手と協調していくことは大切なことだと思います。

しかし、そのために、何かやりたいことがあっても、それをがまんして自分自身を抑え込んでしまう人が多いのも事実なのです。

その結果、「最後の日」が近づく段階で、「もっと自分の気持ちに正直に生きたかった。やりたいことを思いっきりやっておけばよかった」と後悔する人も少なくはないのです。とかく協調性というものが重視される日本社会では、さらにそのような傾向が強いようにも思います。

亡くなる間際になって、そのような後悔をしないためには、若く元気なうちから「最後の日」を持って生きていくことが大切です。

「今日という日が人生最後の日になる」といった意識を強く持つことで、「人に合わせてばかりいるのではなく、自分がやりたいことをもっと実現していこう」という勇気が生まれます。

そして、自己実現へ向けて行動していくエネルギーが生まれるのです。

それが「後悔しない人生」につながると思います。

相手に合わせること
ばかりしない。

5

空気の「読みすぎ」は、かえってストレスになる

「空気を読む」という言葉があります。

「あなたは空気を読めない人なんですね」といった批判をする人もいます。

「空気を読む」とは、その場の雰囲気を察して、その場の雰囲気を悪くしないように気をつかうことです。

そこにいる人たちから嫌われないように、自分の言いたいことを言わなかったり、やりたいことをがまんしたりすることもあります。

そのような「空気を読む」という能力を身につけていくことは、ある意味、人間関係を良くするために大切な要素かもしれません。

しかし、空気を「読みすぎる」ということは、自分自身にとってストレスになっていく、という一面もあります。

たとえば会社で、周りの人の空気を読んで、チャレンジしてみたい仕事があってもそれをがまんしてしまう人がいます。「私が余計なことをやって、職場の和を乱したくない」という気持ちが働いてしまうのです。

会議の席で、何か発言したいことがあっても、「みなさんのおっしゃるとおりだと思います」と自分の意見を封印してしまう人もいます。

それは、「周りの人たちから、わがままなことを言っていると思われたくない」という気持ちになってしまうからでしょう。

しかし、そのようにして自分を抑え込んでばかりいれば、それが大きなストレスになって溜まっていき、やがて仕事への意欲を失ってしまうことになりかねません。

そういう意味では、周りの人たちに配慮しながらも、時には、やりたいことや言いたいことは積極的に主張していくほうがいいと思います。

その勇気をもたらしてくれるのが「最後心」なのです。

やりたいことや、
言いたいことを主張していく。

6 「協調」と「個性」のバランスを取っていく

「相手に合わせてばかりいて、精神的に疲れる」と言う人がいます。

実際に、そんな「精神的な疲れ」から体調の不調を感じたり、うつ症状となったりして病院へ行くことになる人も少なくないようです。

相手に合わせて、自分のやりたいことや言いたいことを抑え込んでしまうのは、とても大きな精神的負担になるものなのです。

中国の古代思想家である孔子は、「和して、同ぜず」と述べました。

これは、「周りの人たちと調和していく。しかし、周りの人たちに合わせていても、自分ならではの個性も大切にしていく」という意味を表しています。

周りの人たちに気をつかいながらも、自分の意見はしっかり持っておくことです。

言いたいことがあれば、気をつかいながらも主張していくほうがいいのです。

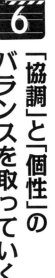

そのようにして、集団の中で自己実現をはかっていくことも、ある意味で大切なことなのです。

要は、「協調」と「個性的な振る舞い」のバランスを取っていくことが大切です。

このバランスが上手に取れている限り、心身ともに元気でいられます。

それが「協調」のほうばかりに極端に傾いていってしまうと、精神的な疲労を強く感じるようになっていきます。

したがって、協調ばかりしている人は、時には、「今日が人生最後の日になる。後悔しないよう、自分のやりたいことをやろう。言いたいことを言おう」と考えて、自己実現をはかっていくのがいいと思います。

そうすることによって精神のバランスが保たれて、ストレスを感じることなく、元気に活動していけます。

人に合わせていても
自分の個性は大切にする。

7 「小異を存して、大同を求める」という生き方もいい

「小異《しょうい》を捨てて、大同《だいどう》につく」という格言があります。

「少しくらいの意見の違いであれば、それを捨てて、みんなの意見に合わせていく」という意味を表した言葉です。

そのようにして人と協調していくのが大切だという意味です。

もともと中国からやってきた言葉ですが、中国では「小異を捨てて、大同につく」とは言わないようです。

中国では、「小異を存して、大同を求む」と言うのです。

「小異を存して」とは、つまり、「自分の意見があるとすれば、どんなに小さなことであっても、自分の意見は自分の意見としてちゃんと持っておく」という意味です。

「自分の意見を捨ててしまう」ということではないのです。

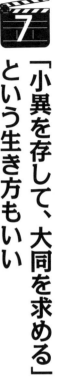

自分の意見を持ちながらも、そのためにみんなから孤立してしまうのではなく、なおもみんなと協調していく方法を探していく、という意味なのです。

どちらの意見も捨ててしまうことなく残しておけば、何かの気づきを得ることができるかもしれません。

「小異を存して、大同を求む」という言葉を中国から日本へ持ってくる過程で、日本人は「小異を捨てて、大同につく」と言い換えてしまった、というのが真実のようです。「小異を捨てて、大同につく」は、あらゆる交渉事には必要ですが、時には、「小異を存して、大同を求む」を考えることも重要になる場合があると思います。

そのほうが「協調すること」と「自己主張していくこと」の良いバランスを保っていけるかもしれません。

「最後心」の意識によって「自分の意見」を大切にしていくこともできるでしょう。

「自分の意見」は捨ててしまわないほうがいい。

8 人と同じことをするか、自分がやりたいことをするか

イタリアの詩人であるボッカチオは、「人と同じことをしていれば、批判されない」と述べました。

どのような仕事であれ、確かに、人と同じことをしていれば、周りの人たちから非難されたり、文句を言われたりすることはないのかもしれません。

しかし、「人と同じことをしていて、成功できるのか」といえば、それは不可能であると思います。

人と同じことをしていては、少しも目立ちません。きっと、だれからも注目されずに、埋もれていくだけでしょう。

したがって、成功は望めないのです。

成功するためには、人のやっていないことをする必要があります。

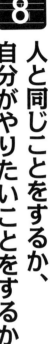

自分ならではの個性を生かして、自分にしかできないことを達成することが大切なのです。

それでこそ脚光を集め、成功することができます。

成功に必要なのは、いわば自己実現なのです。

そして、人からこの自己実現欲求を引き出すのが、「最後心」なのです。

というのも、「今日が人生最後の日になる」と意識を持つことで、「自分が生きた証を遺すような、個性的で画期的なことをしたい」という欲求が一層強まるからです。

個性的なことを成し遂げようとすると、人と同じことをする場合とは違って、時にはだれかから非難されたりすることもあるかもしれません。

しかし、「最後心」を持つと、そんな非難を乗り越えてでも、「自分らしいことをやってみたい」という強いモチベーションが働くのです。

その結果として、「最後心」によって、人生の成功に近づけるのです。

人と同じことをやっていても
成功は望めない。

9

「最後心」を持って、自分ならではの創造性を発揮する

ある心理学者が次のような調査をしました。

フリーランスで活動している芸術家を対象にした調査です。

芸術の創作には、一つには、個人や企業から注文を受けて行なう活動があります。

もう一つには、芸術家自身が個人的に、「こういう作品を作り上げたい」と思う自主的な活動もあります。

研究者たちは、芸術家たちの「注文を受けて創作した作品」と「自主的に創作した作品」を比較検討してみたのです。

その結果、作品の技術的な面に関しては、「注文を受けて創作した作品」と「自主的に創作した作品」との間には差はありませんでした。

しかし、創造性ということに関しては、「自主的に創作した作品」のほうが質的にはる

かにすぐれたものが多かったというのです。

この結果は、どのような仕事であれ、自分なりに「こういうことをしてみたい」という自主的な願望を持つことにより、今までになかったようなユニークで画期的な成果を出せる可能性が高まることを物語っています。

仕事には、もちろん、取引先や上司から命じられてやる仕事もあるでしょう。

しかし、命じられたことをただやっているだけでは、画期的な成果は出せません。

画期的なことを成し遂げるためには、どこかで「私は、こんなことをしてみたい」という自主的な願望を持ち、その実現のために行動していく必要があるのです。

いわば自己実現の願望を持つことが大切なのです。

さらには、そんな自分の個性を生かした自己実現の願望を促すものが「最後心」であると言えるのです。

命じられた仕事であっても、
自分のやりたいことを見いだす。

10 まずは「今日やること」を自分で決めてみる

「こういったことをしたい」という自分ならではの願望を持ちながら、それに向かって行動できない人がいます。

こういうタイプの人は、もしかしたら、あまりにも大きなことを望みすぎているのかもしれません。

もちろん、大きなことを望むこと自体は心を広げるので、悪いことではありません。

しかし、現在の自分の能力や置かれている状況から考えて、実現まで長い時間がかかるようなあまりに大きなことを望んでしまうと、かえってやる気を削《そ》いでしまう事態になりかねないのです。

そういう場合には、大きな願望をそのまま持ちながら、まずはそれに向かって「今日やること」を決めます。

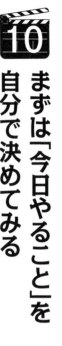

そして、「今日やること」について、「今日という日が人生最後の日になる」という「最後心」を持って、積極的に取り組むのです。

「今日やること」を決め、そして、「今日やること」をやり遂げたという満足感が、明日への意欲へつながります。

そして、明日になれば、その段階でまた「今日やること」を決めて、「最後心」を持って真剣に実行していくのです。

そのように一日一日の成果をコツコツと積み重ねていくのです。

それが「大きな望み」を達成することにつながっていくのです。

また、心理学では、「今日やること」は、他人から命じられるものではなく、自分で決めていくことが大切であると知られています。

自分で決めた「今日の目標」であってこそ、さらにやる気が高まるのです。

さらに大きな願望を達成するために
「今日やること」を決める。

11 「自分がしたいこと」と「人が喜んでくれること」をイコールにする

「自分にしかできない、個性的なことを成し遂げたい」という自己実現の欲求を持つことが、成功への第一歩になります。

ただ、ここで注意しなければならないのは、「ただの自己満足で終わってはいけない」ということです。

自己実現欲求がただの自己満足で終わってしまうと、偉大な成功への可能性が低まってしまうのです。

そうならないためには、「私はこういうことがしたい」という自己実現欲求は「多くの人の喜びにつながる」と思えることが必要になってくるのです。

そのようにして「自分がしたいこと」と「人が喜んでくれること」がイコールの関係で結ばれたとき、さらなる大きな成功を呼び込めるのです。

たとえば、松下電器（現在のパナソニック）を創業した松下幸之助は、「画期的な電化製品を開発・製造してみたい」という自己実現欲求を持っていました。

そして、その自己実現欲求は、「電化製品を普及させることで、多くの人に喜びを与える」ということにつながっていたのです。

だからこそ、松下幸之助は大成功をおさめることができたのです。

そして、その意味でも、「最後心」を持つことが大切になってきます。

「今日が人生最後の日になる」という意識を持つと、おのずから「自分が本心からやりたいことをしたい」という欲求が生まれます。

それと同時に、「この世を去る前に、何か人のためになることをしたい」という貢献意識も強まっていくのです。

「最後心」によって、まさに「自分がしたいこと」と「人が喜んでくれること」がイコールの関係になるのです。

たんなる自己満足では成功は望めない。

第3章
寛容の心を持って、人とともに生きる

「母親が子どもに寄せるような愛」で人とつき合う

1 人は「人生最後の日だから、人と争いたくない」と思う

「人は年齢を重ねるにつれて、人間が丸くなる」と、よく言われます。

「人間が丸くなる」とは、「人と争ったり、ケンカをしたりするよりも、人と仲良くやっていくことを大切にするようになる」という意味です。

特に、寿命を意識するようになってからは、このような「だれとでも仲良く、平和に暮らしていきたい」という気持ちが強くなるようです。

人といがみ合って神経をすり減らすよりも、人と円満な関係を持って穏やかな気持ちでいたい、との意識が強まっていくからです。

そういう意味では、日々「最後心」を意識していくことが、身近な人と仲良くつき合っていくコツの一つになるのです。

「今日が人生の最後の日」だというのに、人と言い争ったりケンカをしたいと思う人な

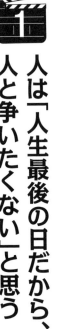

ど、まずいないでしょう。

「最後の日にまでそんなことをしていたら、良い死に方などできない」という思いがしてきます。

だれもが、「死ぬときには、安らかに天に召されたい」と思うはずです。

そういう意味で、「最後心」を持つことで、人と仲良くつき合っていきたい気持ちが強まるのです。

「最後心」を持つことで、友人とも仲良くやっていけます。

家族との関係も良くなっていきます。

また、仕事の関係者とも、必要のない争いを避け、円満につき合っていこうという気持ちが強まっていくのです。

したがって、「最後心」が、良い人間関係を育むことになります。

「最後心」を持って、必要のない争い事を避ける。

2 「最後心」を持つと、人に素直に謝れるようになる

人間関係では、次のようなことがよくあります。

たとえば、親しい人と口ゲンカをしてしまうときです。

そのために関係がギクシャクして、お互いに口もきかないようになります。

しかし、内心では「早く仲直りしたい」との思いがある場合もあります。

「あの人は私にとって大切な人だから、こんなつまらないことで、あの人との関係を失いたくない」という気持ちです。

そして、仲直りするために早く「ごめんなさい」と謝りたいのですが、一方で「私から先に謝るのは悔しい」という思いもあります。

そのために、自分から先に謝ることがなかなかできません。

結局は、「口もきかない」という状態がいつまでも続いてしまうのです。

このような状態を打破するために大切になってくるのが、「最後心」を持つということです。

「私には、今日という日しか残されていない」と考えるのです。

そうすれば自然に、「今日のうちに、私から謝ろう。ごめんなさいと言おう」と決心がつくはずです。

そして、自分から先に謝ることで、それがきっかけになって、その相手と以前のように仲良くつき合っていけるようになるのです。

人と人とは、つまらないことでケンカになってしまうことがよくあります。

実際には、そんなつまらないことで、関係が断絶してしまうことも少なくないようです。

そうやって大切な人との関係を失うことは、自分の人生の損失にもなります。

そういうときには、「最後心」を発揮して自分のほうから先に謝り、関係を修復するほうが賢明です。

つまらないケンカをしたら、
自分から先に謝る。

3 人間関係にイライラしないために、寛容な心を持つ

ストレスの大きな原因の一つは、「人間関係」です。

「あの人にはイライラさせられる」

「どうしても、あの人は許せない」

「あの性格、どうにかならないのか」

身の回りの人たちに感じている、このような感情がストレスになって心に溜まっていくのです。

そのストレスは、結局は自分自身に災いをもたらします。

人間関係のストレスが原因で、仕事に集中できなくなる場合もあります。

すると、心の安らぎを失ってしまいます。

いつも思い悩んでばかりいるようになり、時には、そのために病気になってしまう場

合もあります。

そのような状態にならないために大切なのは、「寛容な心を持つ」ということだと思います。広い心を持って、自分とは異なる他人の性格や、他人の意見や、他人の考え方を受け入れていくのです。

自分には理解できないようなことを言ったり、行動をしたりする相手に対して、いちいち腹を立てるのではなく、やさしい心で受け入れていくのです。

そして、そんな寛容な心を持つための方法の一つが、「最後心」を持つということなのです。

「今日が人生最後の日になる」という意識を持つと、不思議と、他人に対してイライラしなくなります。

どのような相手にも、非常にやさしい気持ちになれます。

その結果、人間関係のストレスも軽減されていくことになります。

寛容な心を持って、
人を受け入れていく。

4 「母親が子どもに寄せるような愛」を持って、人とつき合う

キリスト教には、「寛容とは愛である」という考え方があります。
「人に寛容になるということは、その人を愛することだ」という意味です。
ここでの「愛」とは、異性への愛を意味しているのではありません。
もっと広い意味での愛です。
たとえば、母親が子どもに寄せるような愛です。
幼い子どもは、イタズラをすることもあります。
わがままを言って、母親を困らせることもあります。
しかし、だからといって、母親は自分が産んだ子どもを憎みはしないでしょう。
寛容な気持ちを持って、子どもを許すことができます。
それは無条件で子どもを愛しているからです。

できれば、だれに対しても、「母親が子どもに寄せるような愛」を持ってつき合っていきたいものです。

そうすれば、どのような相手にも寛容になれると思います。

だれかに嫌味を言われることがあっても、いちいち腹を立てることなく、その相手を許してあげられるようになります。

他人のわがままな言動にイライラさせられることがあっても、思い直して、そんな相手にやさしく対処できるようになります。

そして、そのような「母親が子どもに寄せるような愛」を育んでいってくれるのが「最後心」であると言ってもいいでしょう。

今日で最後となると考えれば、人に対しても寛容になれるのです。

「最後心」を持つことで、広く大きな愛情を持って人とつき合っていけるようになります。人間関係がとても穏やかなものになるのです。

「最後心」で、
大きな愛の力を養う。

5 「寛容の精神」で、人との対立や争いを避けていく

仏教は古くから「寛容」という精神を大切にしてきました。

たとえば、仏教の創始者であるブッダも、非常に寛容な考え方を持っていました。

ブッダが布教活動を行なっていたインドにはバラモン教など多くの宗教が存在していました。

しかし、ブッダは、考え方や修行の仕方が違うからといって、他の宗教を否定することはしませんでした。

ブッダは、広い心を持って、他の宗教を信仰する人たちを認めていたのです。

なぜかと言えば、自分たちとは考え方や生き方が違う相手を否定するようなことをすれば、そこに対立や争いが生じてしまうからです。

対立や争いが生じれば、そのことで悩んだりイライラしたりしなければならなくなっ

てしまいます。

つまり、自分たちとは考え方や生き方が違う相手を否定することは、自分自身の心の苦悩を引き起こす大きな原因の一つになるのです。

したがってブッダは、寛容な精神を大切にしました。

たとえ自分たちとは考え方や生き方が違う相手がいたとして、やさしい心を持って受け入れたのです。

今の世の中では、人間関係などで、対立したり争ったりすることによって、結局は自分自身が大きな苦労を背負ってしまっている人が少なくありません。

そのような人たちは、ブッダが持っていたような「寛容の精神」から学ぶのがいいと思います。それが心の安らぎにつながるはずです。

そして、そのような「寛容の精神」を育むのが「最後心」を持つことなのです。

人と対立すれば、
結局は自分自身が苦しむ。

6 悪い人間であっても、寛容の精神で受け入れる

仏教には、悪いことをした人間に対しても、「寛容の精神」を示すことが大切だ、という考え方があります。

江戸時代後期の日蓮宗の僧侶に日輝《にちき》がいます。

この日輝の寺で、次のようなエピソードがあります。

たくさんの弟子たちが修行を積んでいる寺で、盗難事件が起こりました。

一人の修行僧が犯人であることが発覚しました。

他の修行僧たちが犯人を日輝のもとに連行し、「処罰として、寺から追放してください」と申し出ました。日輝は、「わかった」と答えました。

しかし、その後何日経っても、盗難事件の犯人である僧侶は寺から追放されませんでした。

そこで修行僧たちが日輝のもとに集まって、「なぜ犯人を寺から追放しないのですか」

と尋ねました。

すると、日輝は、「仏教は、ああいう悪人を善良な人間に変えてやるためにある。だから、悪人こそ寺に置いて、修行させなければならない」と答えました。

このエピソードに表れているのも、仏教の「寛容の精神」だと思います。

一般的に、人は、たとえそれが犯罪行為ではなかったにしろ、何か道徳的に見て悪いことをした人間に対して厳しい態度を取るものです。

激しく非難したり、仲間外れにしたりします。しかし、仏教は、そのような悪い人間に対しても、やさしい気持ちで包み込み、そして良い人間に生まれ変われるようにしてあげようと考えるのです。

そのような寛容の精神を持って生きていくのも良いことだと思います。

そして、そんな寛容の精神を養うのが「最後心」でもあるのです。

人を非難するよりも、
やさしく受け入れる。

7 人を怨むのではなく、「徳のある心」で接する

だれかに意地悪をされたとします。

普通であれば、その意地悪な相手を怨《うら》むことになるでしょう。しかし、人を怨むことは、自分自身の心を暗くします。

そして、明るい気持ちで、前向きに生きていけなくなるでしょう。

そういう意味では、「人を怨む」ということは、自分自身にとって良いことではないと思います。

中国の古代思想家である老子の言葉に、「報怨以徳《ほうえんいとく》」というものがあります。

これは、「人を怨むのではなく、徳ある心をもって接していく」という意味を表わしています。「徳のある心」とは、「寛容の精神」と言ってもいいでしょう。

たとえ意地悪な人間であっても、やさしい心で受け入れていく、ということです。

具体的に言えば、まず、その相手がどうして意地悪をするのか考えます。

性格的に問題があるのかもしれません。

嫉妬心から意地悪なことをしているのかもしれません。

何か悩み事があって、欲求不満から意地悪をするのかもしれません。

そんなふうに相手の状況を考えてみて、「それでは、あの人が意地悪をしないで済む方法は何かないか」ということを考えてみるのです。

そして、その人に、意地悪をしないで済む方法をやさしい言葉でアドバイスしていきます。

そういうことができるのが「徳のある心」であり、また「寛容な精神」であると思います。

難しいことかもしれませんが、「今日は最後の日」という意識によって、そういうやさしい気持ちが生まれてくることを知っておいてほしいと思います。


相手が、なぜ意地悪をするのか考えてみる。

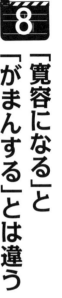

8 「寛容になる」と「がまんする」とは違う

「人に寛容になる」ということは、「がまんする」ということではありません。

たとえば、だれかに悪口を言われたとします。

寛容になるということは、ひどい悪口を言われてもジッとがまんして何も言わないでいる、ということではないのです。

「がまん」は、大きなストレスになります。

そんな「がまん」を積み重ねていけば、心がストレスに耐えられなくなって、どこかで爆発してしまうでしょう。

ですから、「がまんする」というのは賢明な対処法ではありません。

むしろ、寛容な心で相手に接していくほうがいいのです。

寛容になるとは、言い換えれば、受け入れるということです。相手の言葉を受け入れて、もし自分に反省すべきところがあれば、素直な気持ちでそれを改めます。

しかし、もし相手が誤解から悪口を言っているのだとわかったときは、「あなたは誤解していますす」ということをやさしい言葉で丁寧に説明します。

そしてその相手とできるだけ仲良くなるよう心がけるのです。

また、自分に厳しい人ほど他人にも同じレベルを求めてしまいがちです。そのような人は、自分自身の合格点を下げて寛容になる必要があるのです。

どのような相手であっても最終的に「良い関係」を築いていこうとするのが、「寛容の精神」なのです。

相手と良い関係ができあがっていけば、自分自身の心にストレスが溜まることはありません。

「最後心」によって、そんな「寛容な人間」になることができます。

がまんするのではなく、
相手を受け入れる。

9 「この出会いが、一生で最後のものになる」と考える

生きていく中で、人はさまざまな人と出会います。

意見が違う人と出会うこともあります。

性格的に自分とは正反対の人に出会うことだってあります。

時には、悪意のある人、意地悪な人に出会う場合もあると思います。

しかし、どのような出会いであれ、「人との出会いを大切にしていく」ということをモットーにしていくのが「良い人生」につながります。

禅に、「一期一会《いちごいちえ》」という言葉があります。

人との出会いを「一生にただ一度の出会い」だと考えて、その出会いを大切にしていくということです。

ある意味、「最後心」を持って人と出会うことだとも言えます。

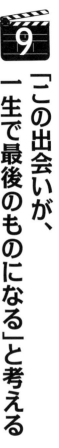

「この人との出会いが、私の人生の中で最後の出会いになる」という意識を持つことです。

そういう意識を持てば、その人との出会いがとても貴重なものに思えてくるはずです。

たとえ意見が違う相手であっても、意見の違いを乗り越えて、一致点をさがして協力していこう、という気持ちが高まります。

性格的に正反対の相手であっても、そんな相手を尊重し、仲良くやっていきたい、と思えるようになってきます。

悪意がある人、意地悪な相手であっても、可能な限り、良い関係を作っていこうと努力するはずです。

毎日毎日、このように「この出会いが、一生で最後のものになる」という意識を持っていけば、それだけ数多くの良い出会いに恵まれていくことになるでしょう。

良い出会いに恵まれていれば自分も幸せに生きていけるのです。

どのような出会いであっても、
良い出会いに変えていく。

第4章 感謝して、そして許していく

「最後心」でおいしいものを食べたい欲求が高まる

1 「最後の日」を意識すると、自然に感謝の気持ちが生まれる

次のような話があります。

末期のガン患者の治療をするホスピスで、患者さんに「最後のときを迎える際に言い残しておきたいことはありますか」と尋ねたところ、多くの患者さんが「家族や友人たちに『ありがとう』という感謝を伝えたい」と答えたと言います。

人は「最後のとき」を意識すると、自然に「人に感謝する気持ち」が生まれてくるのかもしれません。

そういう意味では、「最後心」を持つことによって、普段から「感謝の心」を持っておくことが大切です。

今現在健康な人であっても、若い人であっても、「今日が人生最後の日になる」という意識を持つのです。

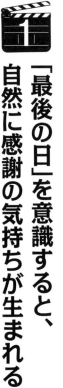

そうすることで、家族や友人や仕事の関係者など、身の回りにいる人たちに感謝する気持ちが自然に生まれてくるのです。

「感謝する気持ち」を持って暮らしていくことは、とても大切です。

感謝の気持ちを持って人とつき合っていくことで、人間関係が和やかになっていくからです。

そして、身近な人たちと、つまらないトラブルを起こすこともなくなります。

その結果、仕事もしやすくなりますし、いつも幸せな気持ちで生きていけるようになります。

とは言いながら、普段、周りの人たちに感謝するどころか、文句を言ったり、怒ったりしてばかりいる人も多いようです。

そうすると、本人自身がストレスを溜め込んでしまうのです。

そのような人は「最後心」によって、感謝の気持ちを持つことがいいでしょう。

感謝する気持ちを持って、
周りの人とつき合っていく。

2 恥ずかしくても、「ありがとう」と言ってみる

精神科医でエッセイストでもあった斎藤茂太《さいとうしげた》は、「『ありがとう』の言葉ほど、人の心を和ませ、温もりを与える力を秘めたものは、他には見あたらない」と述べました。

ある作家は、「『ありがとう』って言うだけでこんなに幸せになるなんて、ありがとうが今日も幸せを運んでくれる」と言いました。

人に「ありがとう」という言葉で感謝の気持ちを伝えることは、相手の心を和ませます。

そして、相手の心に温もりを与えます。

その相手は、きっと、うれしい気持ちになるでしょう。

そんな相手の様子を見ながら、自分自身もまた心が和み、温もりを感じ、うれしい気持ちになっていくのです。

そういう意味では、「ありがとう」という言葉をたくさん伝えて暮らしていくことが幸

せのコツの一つになるのです。

しかしながら、「恥ずかしくて『ありがとう』という言葉を言えない」という人もいるのです。

特に、家族や親友など、より身近な人を相手にして「恥ずかしくて『ありがとう』と言えない」ということが多いようです。しかし、家族や親友といった身近な相手にこそ、普段から頻繁に「ありがとう」の言葉で感謝の気持ちを伝えていくべきだと思います。

そこで、その「恥ずかしい」という感情を乗り越えていく方法として、「最後心」を持つということが挙げられます。

「今日は人生最後の日だ」と意識を強く持つことで、「今日中に『ありがとう』という気持ちを伝えておかなければ」の思いも強くなっていきます。

今日という日を失ってしまったら、「ありがとう」と言う機会を永遠になくしてしまうかもしれないからです。

「最後心」で、
恥ずかしさを乗り越える。

3 感謝することで幸福感が高まっていく

「感謝すること」に非常に良い影響があることは、科学的にも証明されています。

アメリカのある大学の研究者は、次のような実験を行ないました。

150人の協力者を集めて、これまで世話になったのにもかかわらず、感謝の言葉をちゃんと伝えていなかった相手のことを思い浮かべてもらいます。

そして、その相手への「感謝の手紙」を書いてもらいます。

150人のうちの80人には、感謝の手紙を持ってその相手の家を直接訪問し、そして、その相手の前で感謝の手紙を読んでもらいました。

残りの70人に関しては、感謝の手紙を書くだけにとどめ、「感謝の訪問」をすることはありませんでした。

その結果、「感謝の手紙」を書くだけだったグループに比べて、「感謝の訪問」を実施したグループの人たちは、大きな幸福感を感じていることがわかりました。

つまり、感謝の気持ちをただ書き出すよりも、その気持ちを言葉で発して直接相手に伝えることのほうが、その本人にとってより大きな喜びになるのです。

そういう意味では、感謝の気持ちというものはただ心で思っているだけではなく、「ありがとう」と声に出してちゃんと相手に伝えることが大切になってきます。

そうすることによって、相手もうれしい気持ちになると同時に、自分自身が大きな幸福感に包まれるのです。

したがって、「最後心」を持って、「ありがとう」という感謝の言葉を日々伝えていくことが大切だと思います。

心で思っているだけでなく、
声に出して感謝の気持ちを伝える。

4 「最後の日」を意識することが長生きの秘訣になる

「健康」という意味で、「感謝すること」にはさまざまな効用があります。

＊幸福感が高まり、気持ちが和む。
＊相手とお互いの人間関係が良くなる。
＊相手とお互いに愛情を深めていける。
＊その場の雰囲気が明るくなる。

このような効能は、健康面にとても良い影響をもたらします。
まずはストレスが緩和されます。
つまり、心配事や悩みがなくなるのです。
現代人にとって、特にストレスは病気の大きな原因の一つだとされています。
ちなみに、ストレスは、高血圧、心臓疾患、あるいはうつ病といった病気の原因になると言われています。

日頃から「ありがとう」という感謝の気持ちを伝えていく習慣を持つことで、そのような病気の予防にもなるのです。

その結果、健康で長生きすることも期待できます。

「今日は人生最後の日になる。だから今日中に、あの人にも、この人にも『ありがとう』と直接言って、感謝の気持ちを伝えていこう」と考え、そしてその通りに実践していくことで、健康で長生きできることが可能になるのです。

自分の「最後の日」を意識することによって、より健康で長生きできるかもしれないのです。

そういう意味では、「最後心」が長生きの秘訣になるとも言えそうです。

「最後心」を持って、恥ずかしがらず、身近にいる人たちに「ありがとう」と言っていくと、健康と幸福が得られることになります。

「感謝すること」が、
ストレスの緩和に役立つ。

5 「最後の日」を思うことで、未来の運勢が良くなる

「感謝する気持ち」を持つことは、「運勢を良くする」ということにもつながります。

なぜかというと、感謝する気持ちを持つことで人間関係が良くなるからです。

そうなれば、「あの人は信頼できる。あの人と一緒にいると楽しい」と良い評判が広まっていきます。

その評判に引き寄せられるようにして、すばらしい才能を持った人たちが集まってきます。その人たちは、「協力して、何かおもしろいことをしてみませんか」などと、いろいろなことを提案してくることにもなるでしょう。

自分のもとに集まってくる人たちが、そのようにしてさまざまな幸運を運んできてくれるのです。

アメリカの牧師であり、多くの成功哲学の本を書いたジョセフ・マーフィーは、「感謝

の気持ちは、あらゆる恩恵を引きつける精神的磁石となる」と述べました。

そのとおりです。感謝の気持ちを持つことは、たくさんの人を引き寄せる「精神的磁石」になります。そして「恩恵」や「幸運」といったものを引き寄せる「精神的磁石」にもなるのです。

ここに、「最後心」を持つということが非常に大切になってくる理由があります。

それというのも、「最後心」を持つことで、人に感謝する気持ちが2倍にも3倍にもふくらんでいくからです。

その結果、運勢も良くなります。

不思議に聞こえるかもしれませんが、「今日が最後の日になる」という意識を強めることで、結果的に、自分の未来の運勢が良くなっていくのです。

あえて「未来はもうない」と覚悟を決めることで、実際には明るい未来がやって来るのです。

幸運は、感謝する気持ちに引き寄せられていく。

6 「最後心」が「丁寧な暮らし」につながる

「今日という日が人生最後の日になる」という「最後心」を持つと、自然に「今日生きている」ことに感謝する気持ちが芽生えてきます。

「生きている」のではなく、「生かされている」と言っていいかもしれません。

「家族や友人や仕事の仲間によって生かされている」

「食べ物や水や空気によって、生かされている」

「太陽の暖かさによって、生かされている」

「見えない神聖な力によって、生かされている」

といったことに気づくのです。

したがって、自分の身の回りの人や自然など、すべてのものに感謝する気持ちが生まれてくるのです。

この「感謝する気持ち」によって、「すべての人やものを大切にしていこう」という気持ちにもなっていきます。

それは、身近な人たちとの関係を大切にする、ということです。

また、食べ物に感謝しながら、その一つひとつを大切に食べていく、ということです。

そして、きれいな水、きれいな空気、そして美しい自然を大切にしていきたい、と思うようになるのです。

普段は意識しない、見えない神聖な力に対しても、感謝し大切にしていきたい、との気持ちが強まります。

それが「丁寧な暮らし」にもつながっていきます。

一つひとつの出会い、一つひとつの仕事を大切に、感謝しながら行なっていく、という生き方にもつながっていくのです。

すべてに感謝し、大切にし、
丁寧に暮らしていく。

7 「人生最後の食事」を、感謝しながら食べる

「今日が人生最後の日になる」ということは、「今日食べるものが、人生最後の食事になる」ということでもあります。

したがって、「最後心」を持つことによって、自然に、「感謝して食べよう」という気持ちが生まれてきます。

また、食事を料理してくれた人にも、「感謝したい」と思うようになります。

さらに、「感謝して食べる」ということは、健康に良い影響があります。

感謝しながら食事をすることで、味わいながらよく噛《か》んで食べるようになります。

そのおかげで、消化が良くなり、栄養の吸収も高まります。

それが健康増進に役立つのです。

また、「人生最後の食事」なのですから、カップラーメンだけで簡単に済ませようとい

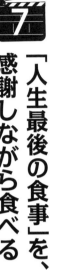

うこともなくなると思います。

「おいしいものを食べたい」という欲求も高まると思います。

その結果として、栄養のバランスの良い食事内容になります。

一方で、料理を作ってくれた人に感謝することで、家族の関係が良くなります。

食事をすることで、その場の雰囲気が明るいものになっていくでしょう。

それがストレス解消になり、「心の健康」という意味では、良い影響がもたらされると思います。また、免疫力も高まり、健康的にもなるでしょう。

「感謝する食事」は、いろいろな意味で良い意味があるのです。

そして、そんな「感謝する食事」をもたらしてくれるのは、「最後心」であるということなのです。

日々「人生最後の食事になる」という意識を持つことが良い結果をもたらします。

食事に感謝し、
食事を作ってくれた人に感謝する。

8 人のために貢献することで、自分自身が幸福になる

年齢を重ねた人が多額の財産を慈善団体などに寄付をする、ということがよくあります。

60代の匿名の女性が東日本大震災で被災した岩手、宮城、福島の各県庁を訪れ、「震災復興に役立ててほしい」と1000万円ずつ寄付をしていったという出来事もありました。

おそらく、自分の寿命を実感するようになったとき、人はお金への執着心を自然に失っていくのでしょう。「あの世まで財産を持っていくことなどできないのだから、余裕がある分を恵まれない人に寄付しよう」という気持ちになると思います。

それは、人としてとても立派で清らかな心がけではないでしょうか。

そういう意味では、いつも「最後心」を持って生きていくことが大切になってくると思います。

まだまだ寿命には遠い年齢にあるとしても、「今日が人生最後の日になる」という「最

後心」を持つことによって、「恵まれない人たち」への意識が高まります。

そして、「私にできることがあれば、恵まれない人たちのために何かしてあげたい」という気持ちになっていくのです。

そのために、お金を寄付する、という方法もあるでしょう。

あるいは、ボランティアなどに参加する、という方法もあると思います。

恵まれない人を相手に、話の聞き役になってあげる、ということでもいいでしょう。

とにかく、「最後心」を持つことによって、「人に貢献したい」「世の中のために役立つことをしたい」と思うようになるのです。

そして、実際に、そのような貢献活動を行なうことによって、自分自身の人生が充実したものになっていくのを実感するようになると思います。

人のために何かすることが、自分の人生に満足感をもたらしてくれるのです。


「最後心」を持って、人のためになることをやっていく。

9 「最後心」を持つことで、人を許せるようになる

「最後心」を持つことで、「人を許す」ということができるようになります。

嫌いな人、頭にくる人であっても、許すことができるようになるのです。

というのも、人は、天国にまで怒りや憎しみ、怨《うら》みといった感情を持っていきたいとは思わないからです。

だれもが、天国へは安らぎに包まれた気持ちでいきたいと願います。

ですから「最後の日」というものを意識することで、そのような清らかな安らぎに満ちた気持ちになれるのです。


人間関係では、たくさんのトラブルがあります。

他人から意地悪なことをされることもあります。

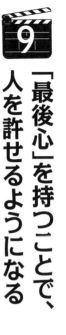

ひどい言葉で、悪口を言われることもあるでしょう。

他人から軽く扱われたり、自分の意見を無視されたりすることもあります。

その度に自分の感情を揺さぶられます。

その相手に怒りを感じたり、怨んだりもするでしょう。


しかし、怒りや怨みといったネガティブな感情は、結局は、自分自身の心を暗くし、そして傷つけることにつながります。

この時、たとえ相手からどのようなことを言われたとしても、その相手を許してあげるほうが賢明です。

許すことで、自分自身の心は安らぎに満たされていきます。

もちろん、意地悪な相手を許すことは、そう簡単ではないかもしれません。

しかし、「最後心」を持つことで、自然に相手を許せるようになります。

人を怨むのではなく、
人を許す。

10 「許す」ということは「緩める」ということである

「許す」という言葉の語源は、「ゆるます」にあると言われています。

「ゆるます」とは、「緩《ゆる》める」ということです。

たとえば、ピンと張った糸を緩めるということです。

怒りや憎しみという感情にとらわれたとき、その人の心は強い緊張感にさらされます。

まさに「ピンと張った糸」のような状態になるのです。

その状態で、なおも怒りや憎しみの感情にとらわれ続ければ、その「ピンと張った心の糸」はプツンと切れてしまうことになるでしょう。

自制心が利かなくなって、感情を爆発させてしまうことになります。

あるいは、深く落ち込んで、うつ状態になってしまう人もいるかもしれません。

そうならないためにも「許す」ことが必要です。

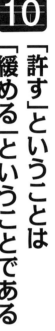

「許す」とは、つまり、「ピンと張った心の糸を緩める」ということです。

そうすることによって、気持ちが落ち着きます。

心が穏やかな安らぎに満ちてきます。

怒りや憎しみといった感情から解き放たれて、自分自身がホッと安心できるのです。

そういう意味では、相手からどんなにひどいことをされたとしても、その相手を許すということは、「自分自身のため」に他ならないのです。

怒りや憎しみにかられた人は、よく、「あの人のことを絶対に許せない」と言います。

確かに「絶対に」と思う気持ちはよくわかります。

しかし、それは「絶対に」ではないのです。

「最後心」を持つことによって、その「絶対に」という執着から心が解き放たれて、案外容易に許せるようになります。

許すことは
「自分のためである」と考える。

11 「許す」とは「人に愛情を与える」ということである

「許す」という言葉は、英語にすると「forgive《フォーギブ》」になります。

この「forgive」の「for」とには「〜に」という意味があります。

「give」には「与える」という意味があります。

つまり、「許す」とは、英語の意味で言えば、「人に与える」ということなのです。

悪口を言ってくる相手、意地悪をしてくる相手に「与える」ということです。

それでは、何を与えるのかといえば、それは「愛情」ではないでしょうか。

イエス・キリストの言葉に、「あなたの敵を愛しなさい」というものがあります。

これはまさに、自分の敵とも思える相手に「愛情を与える」ということを意味しています。

愛情を与えることによって、「許す」ということです。

イエス・キリストも、ある意味、「怒りや憎しみの感情で自分の心を惑わすよりも、相手に愛情を与え、相手を許すことによって、自分自身は安らかな気持ちで生きていくほうが賢明である」と言っていると思います。

とはいえ、「敵を愛する」ということなど、そう簡単にはできないと思う人も多いと思います。

また、「そのようなことはイエス・キリストだからできるのであって、平凡な人間には無理だ」と言う人もいるかもしれません。

しかし、「最後心」を持つことによって、そんなイエス・キリストの心境に近づくことも可能です。

「今日が最後の日になる」という意識を持つことで、心が清らかになり、敵と思える相手にも愛情を与え、そんな相手でも許してあげられるような気持ちになってくるのです。

そして、人に愛情を与えることで、逆に自分自身が愛に包まれた存在になれるのです。

憎しみではなく、
愛情を与える人間になる。

第5章
覚悟を決めて、迷いから抜け出す

1

覚悟を決めて生きていくほうが、人生はおもしろい

「もしかしたら失敗することになるかもしれない」という不安があったとしても、覚悟を決めて行動しなければならないときがあります。

また、そのような覚悟を決めなければ、大きなことは成し遂げられないとも言えるでしょう。

「人生は賭けだ」、ともよく言われます。

成功するか、失敗するかは、やってみなければわかりません。

失敗するかもしれないということは承知の上で、成功することに賭けて行動してみなければ、何も手にすることはできないのです。

しかし、失敗することを怖れるあまり、なかなか行動することができない人が多いのも事実です。

そのようなタイプの人が、覚悟を決めて行動するきっかけを作るのが「最後心」です。

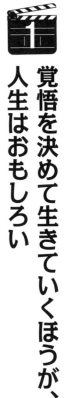

「今日が人生最後の日だ」と考えれば、もう怖いものはありません。

失敗しようが、どうしようが、「今日が最後の日」なのですから、もう関係ありません。

「この先どうなるかなんて知ったことではない」と覚悟を決めて、果敢な行動に出ることができるようになるのです。

日々「最後心」を持って、覚悟の気持ちを新たにすれば、いろいろなことにチャレンジしていくことが可能です。

そうなれば、生きることは非常にエキサイティングなものになっていきます。

芸術家の岡本太郎は、「食えなけりゃ食えなくてもいい、と覚悟すればいいんだ。それが第一歩だ。そのほうがおもしろい」と述べました。

エキサイティングで、また、おもしろい人生を実現したいのであれば、願望に向かって覚悟を決めて行動していくことが大切です。


「最後心」を持つことで、覚悟が決まる。

2 物事を決断するときに「今日」というタイムリミットを設定する

人は日々、さまざまなことに迷いながら生きています。

「このまま事業を進めていくか、それとも早いうちに撤退すべきか」

「今働いている会社を辞めるほうがいいのか、それとも働き続けるほうがいいのか」

「あの人のプロポーズを受けるべきか、それともあの人と結婚しないほうがいいのか」

通常、多くの人は、このような迷いに心を揺さぶられながら生きているようです。

こういう場合、いずれにしても、よく考えた上で、早く決断することが大切です。

早く決断をすることで、次の人生のステップへと早く進んでいけるからです。

しかし、中には、なかなか決断をできずに、いつまでも迷ってしまう人もいるようです。

すると人生が停滞してしまい、「決断できない自分」に自己嫌悪を感じるようにもなります。自信を失って、その他のことについても気持ちが消極的になっていきます。

そのような状態になることとは、自分の人生にとって決して良いこととは言えないでしょう。

「決断力」がない人が勇気を持って物事を決断できるようになる方法の一つに、「最後心を持つ」ということが挙げられます。

「私の人生は、今日という日しかない」と意識を強く持つのです。

この「最後心」を持つことによって、「グズグズ迷ってなんかいられない。早く決断しなければならない」という気持ちが強まります。

「明日はないのだから、今日中に決断しなければ」と覚悟が定まるのです。

これは、ある意味、決断するまでのタイムリミットを設定する、ということを意味します。そのタイムリミットが「今日」なのです。

最後心を持つことは、物事の決断にも役立ち、積極的な生き方をする方法の一つと言えます。


「明日はない。今日中に決断する」と決める。

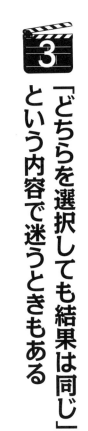

3 「どちらを選択しても結果は同じ」という内容で迷うときもある

次のような笑い話があります。

昔、イギリスに、一人の芸術家が住んでいました。

彼は、何事についても迷いが多い人でした。

また、なかなか決断することができない人でした。

ある夜、彼はそろそろ眠ろうと思って、普段着からパジャマに着替え始めました。

そこで、パジャマのズボンをはこうとしたときです。

彼は、「ズボンに右足から突っ込むほうがいいだろうか。それとも左足から突っ込んだほうがいいのだろうか」ということに迷い始めました。

なかなか決断できずに、とうとう一睡もできないまま朝方まで迷い続けました。

右足からズボンをはこうが、左足からズボンをはこうが、「ズボンをはく」という結果には変わりありません。

この笑い話は、「人間というものは、どちらを選択しようが同じ結論が出てくるような、つまらないことで迷い悩んでしまうことが多い」と指摘しているのです。

もちろん人生には、どちらを選択するかを決断することで、今後の人生が大きく変わってしまうこともあると思います。

その一方で、実際には、「どちらを選択しても、結果は同じ」ということもあるのです。

そして、もし「結果が同じ」ならば、サッサと決断してしまうほうが賢明なのです。

ところが、そのような「つまらないこと」でいつまでも迷い続けてしまう人がいるのも事実です。

こういうケースでも「最後心」を持って、タイムリミットを設けて、決断を早めていくほうが賢明だと思います。

結果が同じなら、
早いうちに決断してしまうほうがいい。

4 死に突き当たって、人は迷いから抜け出す

小説家の夏目漱石《なつめそうせき》は、「死に突き当たらなくっちゃ、人間は迷いから抜け出せないものだ」と述べました。

人間は生きている限り、なかなか迷いから抜け出せません。

仕事やプライベートのことも含めて、「ああすればいいのか？　それとも、こうするほうがいいのか？」と、いつも迷い迷いしながら生きているのが現状ではないでしょうか。

しかし、いつまでも迷ってばかりいられないのも事実です。

どこかで覚悟を決めて、「こうしよう」と決断しなければならないのです。

そんな覚悟と決断を促すのが、「死に突き当たるということだ」と、夏目漱石は述べているのです。

この「死に突き当たる」ということは、「最後心」であると理解していいでしょう。

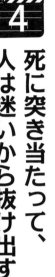

自分自身についての「最後の日」について考えてみる、ということです。

「今日が最後の日」という、ある意味、切羽詰まった状況に立たされれば、だれであっても迷ってなどいられません。

「どうしよう」と迷っている時間的な余裕などありません。

早く決断し、すぐにでも行動を起こし、今日中に何らかの結果を得なければならなくなります。

したがって、「最後心」を持つことによって、迷いから抜け出し、覚悟を決めて決断することができるようになるのです。

人生の上で重大なことを熟慮するのは必要ですが、迷ってもしょうがないことからは何も生まれてきません。

それは、時間の浪費だと言ってもいいでしょう。

何かを得るためには、決断し、そして行動することが重要なのです。

迷ってばかりいても、
何も得られない。

5 難局で大切なのは、「生死を度外視する決心」である

「迷いから、なかなか抜け出せない」という状況になるのは、特に、難局にあるときだと思います。

たとえば、仕事がうまくいかず、場合によっては大失敗するような危機的状況に立たされたときです。

そのような際に、「どうすればいいのだろう」と、散々迷ってしまうことになるのです。

そこで間違った決断をしてしまえば、一層困難な状況に追いやられてしまうことにもなりかねませんから、なかなか決断を下せません。

しかし、言い方を換えれば、そういう難局にあるときにこそ、覚悟を決めて決断しなければならないときでもあります。

迷ってばかりで何もしないでいたら、それこそ状況が一層悪化しかねないからです。

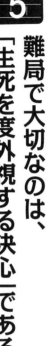

覚悟を決めて決断してこそ、その難局を打開する強い行動力が生まれるのです。

幕末に活躍した人物に勝海舟《かつかいしゅう》がいます。

彼は幕臣として徳川幕府に仕えていました。

その徳川幕府を倒すために、薩長軍が江戸に攻め上がってきました。

幕臣であった勝は、その時、まさに「難局」にあったと言えます。

その際、彼は、覚悟を決めて西郷隆盛《さいごうたかもり》と会談し、江戸城無血開城を実現させました。

勝海舟は、「生死を度外視する決心が固まれば、難局を打破する方法が見つかる。難局に必要なことはこの決心だけだ」と述べました。

この「生死を度外視する」という言葉には、勝海舟の「最後心」が込められていると思います。

難局にあっては「今日が最後の日になる」という覚悟を決めて物事に対処することが大切です。

「最後心」で
窮地を抜け出す。

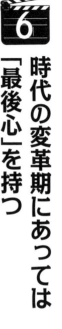

6 時代の変革期にあっては「最後心」を持つ

現代は、ある意味時代の変革期だと言っていいと思います。

このような「変革の時代」に以前と同じことをしていては成功は望めません。

時代がどのように変化していくかを読み取って、これまでになかったような何か画期的なことをしなければ、成功することはできないのです。

しかし、この「変化を読み取る」ということがなかなか難しいのです。

もし、変化を読み間違えて、間違った決断をしてしまえば、大失敗を招きかねません。

そのために、「どうすればいいのか」という迷いから抜け出せなくなる人もいます。

しかし、迷ってばかりいるのでは、時代の流れに乗り遅れて埋もれていってしまうことになるでしょう。

変革期にあって大切なことは、覚悟を決めて決断し、そして積極的に行動していくことだと思います。

幕末という変革期に活躍した人物に、坂本龍馬《さかもとりょうま》がいます。

小説家の司馬遼太郎《しばりょうたろう》が書いた『竜馬がゆく』の中には、龍馬のある言葉が出てきます。

それは、「何でも思い切ってやってみることだ。どっちに転んだって人間、野辺《のべ》の石ころ同様、骨となって一生を終えるのだから」というものです。

この「野辺の石ころ同様、骨となって一生を終える」には、「最後心」が示されていると思います。

つまり、「今日死ぬかもしれない」という覚悟を持って、自分がやりたいことを思い切ってやっていくことが大切という意味なのです。

そうすることによって、時代の変革期においても成功できると思います。

やりたいことを
思い切ってやってみる。

7 死ぬ気になれば、たいがいのことができる

幕末という変動期に活躍した坂本龍馬には乙女《おとめ》という姉がいました。坂本龍馬は、何か迷い事や決意したいことがあったときは、この乙女によく手紙を書いて送っていました。

また、乙女も龍馬に手紙を書いて元気づけていました。

この乙女が龍馬に書き送った手紙の一節に、「人は死ぬ気でやれば、たいがいのことはできるものだ」という励ましの言葉があります。

乙女は、龍馬が幕末という変動期にあって、世の中をひっくり返すような大仕事をしようという志を持っていることを知っていました。

もちろん、その志は、できるかどうかまったく予想できないものでした。失敗する危険も十分にあったのです。

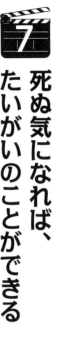

しかし、不可能と思われるような大仕事であっても、乙女は、「死ぬ気でやれば、できる」と龍馬を奮い立たせたのです。

この「死ぬ気でやれば」という言葉には、「最後心」が表れていると思います。

「今日が人生最後の日になったとしても、思い残すことなく、やれることを思いっきりやるだけだ」との覚悟でことに当たれば、たいていのことは実現する、ということです。

実際、龍馬はそのような覚悟を持って薩長同盟を実現させ、それが明治維新へとつながっていくのです。

現代に生きる人たちにも、何か大きなことを成し遂げようとがんばっている途中で、「私には無理かもしれない」という迷いにとらわれてしまうことがあるかもしれません。

そのようなときには、この乙女の「死ぬ気でやれば」という言葉を思い浮かべるのがいいと思います。

おそらく、覚悟と勇気を得られるでしょう。

死ぬ気でやれば、
勇気に満ちる。

8 「武士道とは、死ぬことと見つけたり」という気がいを持つ

「武士道とは、死ぬことと見つけたり」という有名な言葉があります。

佐賀藩士だった山本常朝《やまもとじょうちょう》が、武士道論書『葉隠《はがくれ》』の中で述べた言葉です。

この「死ぬことと見つけたり」という言葉に、彼の「最後心」が示されていると思います。

これは、「武士は命を落としてこそ一人前だ」と解釈するのではなく、「今日が最後の日だと覚悟して生きることで天命をまっとうできる」ということを表しているのです。

「今日が人生最後の日になってもいい」と覚悟をすることで、武士として華々しく活躍することができるのです。

「最後心」を持つことで、武士として立派な生き方ができるのです。

これは確かに「武士の覚悟」について述べられた言葉なのですが、たとえば、現代のビジネスマンなどにも参考になると思います。というのも、ビジネスの世界でも、覚悟を決

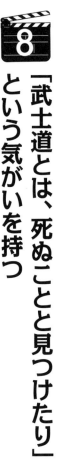

めて行動しなければならないときがあるからです。

「もしかしたら失敗するかもしれない。『責任を取れ』と言われてしまうかもしれない」といったリスクがあっても、あえて積極的に行動していかなければならないときもあると思います。

そのようなときは、もちろん、心が迷いにとらわれてしまうことになるでしょう。リスクを怖れて、何もできなくなってしまうかもしれません。

しかし、それでは成功することはできません。

迷いや怖れを振り払って行動しなければならないときには、この「武士道とは、死ぬことと見つけたり」という言葉を思い出すといいでしょう。

迷いを振り切る覚悟、そしてリスクを怖れない勇気が心にわき上がり、積極的に行動できるようになると思います。

迷いを振り払って
仕事をする。

9 人生は賭けである、覚悟を決めて行動する

「最後心」を持って覚悟を決めて行動することが、成功につながります。

古代ローマの英雄、ジュリアス・シーザーは、「賽《さい》は投げられた。ルビコン川を渡れ」と言いました。

「賽」とは、賭け事に使うサイコロを指します。サイコロはどの目が出るかわかりません。この「賽を投げる」とは、つまり、「覚悟して行動する」ということです。

「人生とは賭けのようなものだ。うまくいけば成功するが、もし失敗したら死ぬ運命になるかもしれない。しかし、覚悟を決めて行動するしかないときもある」という意味のことを、シーザーは「賽は投げられた」という言葉で表現したのです。

シーザーはもともと軍人でした。当時は、ローマは混乱状態にありました。その際、シーザーの軍勢はローマのガリア地方にいました。しかし、混乱を終わらせてローマを

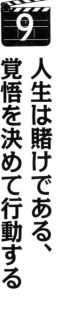

統一して、平和で安定した国にするために、クーデターに打って出たのです。

ローマへと軍隊を進め、ルビコン川を渡りローマに入る決断をしました。

当時、武装したままルビコン川を渡ることは死罪に当たる罪でした。また、もしクーデターが失敗すれば、もちろんシーザーの命はありませんでした。あと戻りのできない、運命をかけた重大な決意です。

しかし、シーザーは、いわば「最後心」を持って、「覚悟を決めて、行動しなければならない」と考え、思い切って武装解除せずにルビコン川を渡ったのです。

その時にシーザーが発した言葉が、「賽は投げられた。ルビコン川を渡れ」なのです。

この「最後心」の力が、クーデターを成功させました。そしてその後、シーザーが統一したローマは繁栄していくのです。

覚悟を決めて行動することで、
成功を引き寄せる。

10 「最後心」を持ってこそ、自由に生きていける

インドの政治家で、インド独立の父とも呼ばれるマハトマ・ガンディーは、「死ぬ覚悟を決めれば、人間は自由に生きることができる」と述べました。

「死ぬ覚悟を決めれば」というところに、ガンディーの「最後心」が表れていると思います。

「人間は自由に生きることができる」とは、たとえば、「こんなことをしたら、他人からどう言われるだろうか」といった世間体など気にせず、自分がやりたいと思うことに向かって積極果敢に行動していける、という意味です。

大勢の人から反対されていることであっても、そのようなことを乗り越えて、自分の信念に従って行動できるということです。

たとえ常識はずれだと思われても、「こうするしかない」という自分自身の思いと行動を実行していける、ということです。

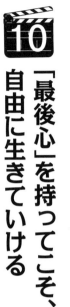

「最後心」を持てば、そのように世間体や反対意見、あるいは常識といったものにとらわれることなく、ある意味、ノビノビと自分らしい生き方ができるのです。

自分を貫いて生きていく覚悟が定まるのです。

「自分が信じるように生きる」ということは、じつは、とても勇気がいります。

そのために失敗する可能性も出てきますし、周りの人たちから非難されることにもなりかねません。

しかし、それを怖れて迷ってばかりいたら、「自分が信じる生き方」が実現できません。

「今日が最後の日になる」という覚悟を決めてこそ、自分の思いどおりに、自由に生きていけるようになるのです。

そうなれば、自分らしい、すばらしいポジティブな人生を築き上げていくことができると思います。

「最後心」を持って、
自分が信じる道を行く。

第6章
「先延ばしグセ」をやめる

「最後心」によって、
先延ばしグセを改善する

1 「最後心」によって、先延ばしグセを改善する

「先延ばしグセ」のある人がいます。

今すぐ始めなければならないことがあっても、テレビを観たり、雑誌を眺めたり、近くにいる人とオシャベリをしたりして、なかなか始めることができません。

そのうちに、どんどん時間だけが過ぎ去っていきます。

ある調査によれば、成人の2～3割程度の人が、自分にそのような先延ばしグセがあることに悩んでいる、といいます。

意外に、たくさんの人が先延ばしグセで悩んでいるようです。

このような先延ばしグセを改善していく上で効果的なのが、「最後心」を持つということです。

つまり、「今日が私の人生の最後の日だ」という意識を持つのです。

「今日しかない」と考えれば、グズグズなどしていられません。

今すぐやり始めなければ、やるべきことを終わらせることができないかもしれないのです。

その結果、集中力も高まります。

「最後心」を持つことで、物事を効率的に、一気にやり遂げることができるのです。

「今日が最後の日」という意識を持つことは、言い換えれば、人生にタイムリミットを設けるということを意味します。

つまり、「今日中に」というタイムリミットを設けることができるのです。

「今日中に、ここまでやる」という内容を決めて、そのタイムリミットを守るように努力することで、より集中力が高まっていきます。

タイムリミットを設けずに、漠然とした気持ちで物事を進めようと考えているようでは、先延ばしグセから抜け出すことはなかなかできません。

「今日」というタイムリミットを決めて、
集中力を高める。

2 「一日の終わりが、人生の終わりだ」と思って生きていく

仏教の考え方を庶民にもわかりやすく説いた鎌倉時代の書物に『一言芳談《いちごんほうだん》』があります。

この書物の中には、「一日の終わりを、人生の終わりだと思え」と書かれています。

つまり、「今日という日を人生最後の日だと考え、今日という日が終わるとともに、自分の人生も終わってしまう、と考えて生きていくことが大事だ」という意味です。

まさに「最後心」というものを説く仏教の言葉だと思います。

言い換えれば、「明日があると思わない」ということです。

何をするにしても「一日の終わり」をタイムリミットにして、今日という日の中ですべてを終わらせるようにして努力していくのです。

では、実際に生活の中で、何時ごろが「一日の終わり」になるのかといえば、それは「やること」によって変わってくると思います。

たとえば、会社勤めであれば、まず今日やる仕事を決めて、そして夕方の5時か6時を「一日の終わり」と考えます。

そして「最後心」を持って、その時刻までにやらなければならない仕事を終わらせるようにがんばります。

フリーランスの仕事であれば、まず今日やり終える仕事を決めて、たとえば、就寝時刻を「一日の終わり」と考えます。そして、その時刻までに終わるように努力します。

勉強であれば、まずは今日の課題を決めて、たとえば、夜の9時を「一日の終わり」と考えます。そして、その時刻までに目途をつけられるように集中します。

そのようにして、それぞれに、いわば「一日の終わりが、人生の終わり」というタイムリミットを設けて、その時刻までに終わらせる習慣を持つことが、先延ばしグセをなくすための一つの心がけになります。

やることそれぞれにタイムリミットを設けておく。

3 長期間かかる仕事を「今日の仕事」に小さく分けていく

「先延ばしグセ」を克服する方法の一つに、「計画を細分化する」というものがあります。

たとえば、ひと月かかってやり遂げる仕事があるとします。

しかし、あまり時間的な余裕があると、人はつい気持ちが緩んでしまいがちなのです。

「締め切りはまだ先だから、今日は少し怠けてもいいだろう。明日がんばればいい」という気持ちになってしまうことがあるのです。

しかし、明日になったからといって、がんばるとは限りません。

明日になれば明日になったで、「まだ締め切りは遠い先だ」と油断してしまいます。

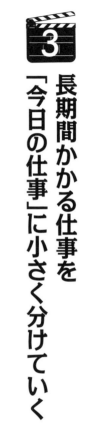

その結果、やるべきことがどんどん先延ばしになっていって、結局は「締め切りに間に合わない」という事態にもなります。

ですから、ひと月かかってやり遂げる仕事であっても、「今日はここまで進める」という計画を立てて、今日の計画をやり遂げることに全力を出すといいのです。

そのようにして日々「今日の計画」をこなしていくことで、結果的にひと月かかってやる仕事を完成させることができるのです。

そのようにして「長期間かけてする仕事」を「今日の仕事」に細分化していく方法を、心理学では「チャンク」には「かたまり」という意味があります。

「チャンク」には「かたまり」という意味があります。

つまり、大きなかたまりである仕事を、「今日はここまでやる」というように小さく分けていくことを意味します。

この「チャンクダウン」という方法を取るほうが、やる気と集中力が増すのです。

この「チャンクダウン」という方法も、「最後心」につながるものだと思います。

「今日やるべきこと」をまず決めて、
それをやり遂げていく。

4 「而今」を心がけて、「今」に集中していく

禅の言葉に「而今《にこん》」というものがあります。

「大切なのは、『今』をどう生きるかにある」という意味を表す言葉です。

禅の修行には長い年月が必要になります。一日修行したからといって、すぐに悟りの境地に達することはありません。

しかし「長い年月が必要になる」ため、時には、途中でやる気をなくしてしまう人も出てきます。

中には、「今日一日くらい怠けてもどうってことはないだろう」と、修行を怠けたくなってしまう人もいると思います。

今やらなければならないことを、つい先延ばしにしてしまう日も出てくるのです。

そうならないために、「いつになったら悟りを得られるのか」といった遠い先のことな

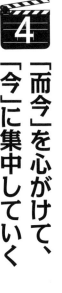

ど考えずに、「とにかく今やるべきことに集中していく。今日やることに全力を尽くしていくことが大事だ」と、禅は考えるのです。

そのような禅ならではの考え方が、この「而今」という言葉に表れています。

この「而今」には、「最後心」に通じる考え方があるように思います。

「今日が人生最後の日になる」と考えることは、言い換えれば、先々のことに気持ちを奪われないということを意味しています。

会社員だったら、「いったい、いつになったら成功できるのだろうか」「これだけがんばっているのに、平社員のままだ。いつになったら昇進させてくれるのか」と、そんな先々のことに気持ちを奪われて、今やるべきことにやる気をなくしてしまっては、せっかくの能力がもったいなくなります。

「今」「今日」だけに集中していくことが大事なのです。これが、「而今」の考え方であり、また「最後心」の考え方になるのです。

先々のことに
気を奪われないようにする。

5 悪い意味で、先々のことをあれこれ予想しない

「先延ばしグセ」のある人の思考の特徴に、「先のことをあれこれ予想してしまう」ということがあります。しかも、ネガティブな予想をしてしまいがちなのが、先延ばしグセがある人の特徴なのです。

たとえばビジネスマンなら、

「がんばって仕事をしても、どうせ上司から文句を言われるに決まっている」

「一生懸命になって企画書を書いても、どうせ会議で却下されるだろう」

といったネガティブな予想をしてしまうのです。

そのためにやる気が出ず、やらなければならない仕事も、企画書を書くことも、ついつい先延ばしになってしまいます。

そういう意味では、悪い意味で先のことをあれこれ予想しないように心がけることが

大切です。

つまり、「文句を言われるに決まっている」「却下されることになるだろう」といったことを考えないようにするのです。そして、「今日やるべきこと」「今しなければならないこと」に意識を集中することです。

江戸時代前期から中期にかけての禅僧である道鏡慧端《どうきょうえたん》は、「一大事というのは今日、ただ今の心である」と述べました。

この道鏡慧端の「一大事」という言葉も「最後心」に通じるものがあると思います。

やはり、先々のことをあれこれ考えるのでなく、「今日」や「今」に集中してがんばっていく心を持つことが大切だ、ということです。

したがって、先のことにあまり心を惑わされないようにすることが大事です。

「悪い予想」を
心から追い出していく。

6 時間の使い方が下手な人ほど、時間がないことを嘆く

「今日という日は24時間しかない。そのうち、活発に活動できる時間といえば8～10時間程度のようなものだろう。そんなわずかな時間のうちにできることなんて限られている。たいしたことはできない」という人がいるかもしれません。

しかし、有効に時間を使えば8～10時間の中で、かなり多くのことをできるのです。

フランスの思想家であるラ・ブリュイエールは、「時間の使い方が下手な者が、まずその短さを嘆く」と述べました。

「一日の中で、できることは限られている」と考えてしまう人は、もしかしたら、「時間の使い方が下手」なのかもしれません。

その人は目的意識を持たずに、ボンヤリと時を過ごしてしまうことが多いのかもしれません。

そのような人にこそ、「最後心を持つ」と効用があると思います。

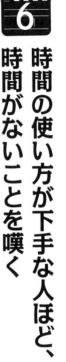

「自分には今日という日しか残されていない」という意識を強く持ってみるのです。

すると、今日という日の中で何をやるか、ということを考えます。

また、もっとも効率的にやっていく方法を一生懸命になって考えるのです。

こう考えることによって、強い集中力と行動力も発揮できます。

一日の中で、驚くほどたくさんのことができるのです。

さらに仕事のみならず、プライベートの時間も充実したものになります。

仕事で多くの成果を上げ、しかもプライベートの生活でもたくさんの楽しみの時間を持つことができるようになるのです。

しかも、適度に休養する時間も上手に取り込んでいくことが可能です。

このように「最後心」を持って時間の使い方を日々鍛えていくことで、人生の質がどんどん上昇していきます。


「最後心」を持てば、限られた時間も充実してくる。

7 休日も、「最後心」を持って大いに楽しむのがいい

ボンヤリしていると、意外と時間が早く過ぎ去ってしまうものです。

たとえば、休日に、「今日は仕事がない」という安心感からボンヤリしていると、アッという間に夕方になっていた、という経験がある人も多いのではないでしょうか。

そのために、「休日には映画を観よう」と思っていたけれど、「次の休日に延期しよう」と先延ばしにしたりします。

結果的に、その休日を十分に楽しめないまま終わってしまうのです。

イギリスの詩人であるサミュエル・ジョンソンは、「浪費によって、人生の時間は一層短くなる」と述べました。

やはり、ボンヤリしていると、時間が過ぎ去るのが早くなる、ということを言っていると思います。

そういう意味では、休日であっても「最後心」を持つほうがいいと思います。「今日という日が、私の最後の休日になる」という意識を持つことによって、「ボンヤリしている暇はない。（趣味やスポーツや食事や友人との会話など）人生を大いに楽しもう」

と考えるようになります。一人で家でボンヤリ過ごすのではなく、家族や恋人や友人と過ごす時間を大いに楽しむことになります。

結果として「充実した休日」を過ごせることになるのです。

休日は、大いに楽しんでこそ、効果的な心身のリフレッシュになります。

その結果、休日明けの仕事にも意欲的に取り組むことができるようになります。

休日にボンヤリしたまま時間を無駄に過ごしてしまうと、十分にリフレッシュできず、休日明けの仕事にもやる気が出ない、ということにもなりかねないのです。

ですから、休日も「最後心」で大いに楽しむほうがいいと思います。

リフレッシュして気力を養う。

8 ボンヤリと休日を過ごす人は、年収が低い？

インターネットを使ったアンケート調査に、興味深い結果があります。

年収と、休日の過ごし方に何か関係があるのかを調べた調査です。

その結果、年収が低い人ほど、休日を何もしないでボンヤリと過ごす人が多い、ということがわかりました。

一方で、年収が多い人は、休日を積極的に楽しんでいる人が多いことがわかったのです。

つまり、休日をボンヤリと無駄に過ごす人は、十分にリフレッシュできないために、休日明けの仕事に意欲的に取り組めない、ということです。

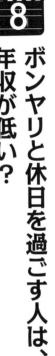

そのため、仕事の生産性も下がるのです。大きな成果を出せず、収入も上がっていきません。

一方で、休日を積極的に楽しむことができた人は、心身ともにリフレッシュして、休日明けの仕事に向かっていきます。

集中力を持ち、意欲的に仕事ができますので、それだけ大きな生産性を発揮できるのです。その結果、実績も伸びていき、それに伴って収入も増えていくでしょう。

そういう意味では、「最後心」を持って、休日を大いに楽しむほうが賢明です。

そのために大切なことの一つは、たとえ休日であっても、いつもどおりの時間に起床することをオススメします。

休日だということで、お昼ごろまで寝ていると、起きても頭がボンヤリしてしまって、結局は何もしないまま時間を無駄に過ごしてしまいがちになります。

「今日が人生最後の休日になる」という意識を持って、いつもどおりの時間に起き、休日を大いに楽しむと積極的な人生に結びつきます。

休日であっても、
いつもどおりの時間に起床する。

9 「人生を楽しむチャンス」は先延ばしにしない

鎌倉時代から南北朝時代にかけて活躍した随筆家に吉田兼好《よしだけんこう》がいます。

この吉田兼好が書いた『徒然草《つれづれぐさ》』に次のようなエピソードがあります。

あるところに、牛を売る人がいました。

その人のもとへ一人の男がやって来て、「その牛を買いたい。ただ、代金は明日持ってくる。明日代金と引き換えに牛をもらっていく」と言って立ち去っていきました。

しかし、その牛は、翌日の朝に急に死んでしまったのです。

牛売りの人は、

「せっかく売れるはずだった牛が死んでしまった。私は損をした」

と嘆き悲しみました。

その様子を見ていた、もう一人の人間がいました。

その人は、嘆き悲しむ牛売りに、
「あなたは損をしたのではない。あなたは、命というものがアッという間に消え去ってしまうものだと知った。あなただってこの牛のように、明日になれば死んでしまうかもしれない。そうなのだから、生きている限り今日という日があることを喜び、今日という日を大いに楽しむことが大切だ。そのことを知っただけでもあなたは得をしたとも言える」
と言いました。

この話は、ある意味、「最後心」というものを説明しているように思います。

つまり、生きている限りは「今日という日が人生最後の一日になる」という意識を持って、今日という一日を大いに充実させていくことが大切だということです。

今日、人生を楽しむチャンスがあったなら、それを先延ばしにしてはいけないのです。というのも、明日どうなるのかわからないからです。先延ばしにすれば、せっかくの「人生を楽しむチャンス」を逃してしまうことになりかねないからです。

生きている限り、
今日という日を楽しんでいく。

第7章 今日という日を十分に楽しむ

1 今日は人生最後の日、ならば今日を大いに楽しむ

人は何のために生きるのかといえば、さまざまな考え方があると思いますが、基本的に「自分が楽しむため」「人に喜ばれる存在になるため」だと思います。

人生には楽しいことがたくさんあります。

ワクワクと胸がはずむようなことが数多くあります。

そのような喜ばしいことを、思う存分、本心から楽しむことこそ、もっとも大切な「人生の目的」の一つだと思います。

古代ローマの詩人であるホラティウスは、「その日の花を摘め」と述べました。

この言葉にある「花」とは、「人生の楽しみ、人生の喜び」を意味しています。

つまり、「今日という日がもたらしてくれる人生の楽しみや、人生の喜びを大いに享受《きょうじゅ》することが大切だ」と言っているのです。

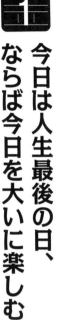

ここで、今日という日を大いに楽しむためにも、「最後心」が大切だということを指摘しておきたいと思います。

「今日という日が、人生最後の日になる」と意識することで、「私に残されたこの一日を大いに楽しもう」という意欲がより強くなるのです。

そして、人生を楽しむために、積極的に行動できるようになります。

実際には、明日への心配事や昨日した失敗への後悔に心を惑わされながら暮らしている人も多いと思います。

しかし、「今日が人生最後の日」と考えることで、「心配事なんて、どうだっていい。後悔するなんて、もうやめよう。それよりも人生を楽しもう。私には、今日という日しかないのだから」というポジティブな思いが強まっていくのです。

その結果、自分の人生にとって大切なものに気づくことができます。

心配事はどうでもいい、
後悔はもうやめよう。

2 「自分の最後」を意識することで、時間の使い方がうまくなる

作家の中野孝次《なかのこうじ》は、「人が生きている『今』を楽しめないでいるのは、死が近いことを忘れているからに他ならない」と述べました。

この言葉を言い換えれば、

「死が近いことを意識することによって、人は『今』を楽しめるようになる」

ということです。

死を意識するとき、人は「自分に残された時間はわずかだ」と思います。

そして、「だからこそ『今』を十分に楽しもう」という意欲がわいてくるのです。

たとえば、「好きな音楽演奏を楽しみたい」と思った人がいたとします。

しかし、その人が「私の人生はまだまだ長い」と考えていたとすれば、おそらくは、その「演奏を楽しみたい」という気持ちをすぐに行動に移すことはないと思います。

「今は仕事が忙しい。音楽演奏という趣味を楽しんでいる暇などない」

「音楽演奏という趣味は、定年退職してから始めればいい」

と考え、音楽演奏という趣味を楽しむ時間を先延ばしにしてしまうかもしれません。

しかし、そのように「楽しみ」を先延ばしにする必要はないのではないでしょうか。

もちろん仕事が忙しく趣味に使う時間が取れないのはわかりますが、忙しい日常の合間を縫って楽しむ時間をつくることは可能だと思います。

要は、本人がその気になるかどうかなのです。

そして、本人をその気にさせるのが「最後心」なのです。

「今日が最後の日になる。私に残された時間はわずかだ」という意識を持てば、時間を上手に使って今すぐにでも「楽しむ時間」を作るよう努力することになるでしょう。

「最後心」を持つことによって、人生を楽しみたいという意欲が強まるものです。

「今を楽しむ時間」を作るのが
「最後心」の心得。

3 「最後心」を持つことで、時間の使い方がうまくなる

「最後心」を持つことで、時間の使い方が格段にうまくなります。

「今日が人生最後の日」なのですから、残された時間はわずかです。

朝起床してから就寝するまで、自分に残された時間は16～17時間だと言っていいでしょう。

「最後心」を持つことで、まずその16～17時間をいかに有効に使うかを一生懸命になって考えることができます。

毎日毎日、有効な時間の使い方を考えていけば、自然に時間の使い方が上手になっていくのです。

「最後心」を持つとき、人は、その「最後の一日」を仕事だけに使ってしまうことに強い抵抗感をおぼえるでしょう。

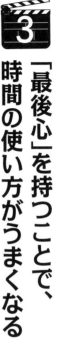

もし人生最後の日が仕事だけで終わってしまったら、そんな人生はつまらないように思えてくるからです。

そう考えると、「趣味を楽しみたい」「家族と楽しく語らう時間もほしい」「会いたい人もいる」と、さまざまなことが頭に浮かんできます。

そこで仕事に集中し、早く仕事を終わらせるように努力すると思います。

また、やらなくてもいいような用件は思い切ってカットしていきます。

本当に重要な用件だけを集中して終わらせるようにするのです。

そして、仕事を早く終わらせることによって得られたプライベートの時間を有効に使って、やりたいことをやり、家族や友人との楽しい語らいの時間も作るのです。

その結果、その日一日がとても充実したものになるでしょう。

その充実した日々の積み重ねが、充実した人生へとつながっていくのです。


16〜17時間をいかに有効に使うかを考える。

4 一日を「一生の縮図」にして、充実した日々を過ごす

哲学者であり、教育者でもあった森信三《もりしんぞう》は、「一生を真に充実して生きる道は、結局今日という一日を真に充実して生きるほかない。一日が一生の縮図である」と述べました。

これは、まさに「最後心」に通じる言葉だと思います。

「今日は人生最後の日になる」と覚悟を決めて、その「今日」という一日の中に、一生かけてやることを「縮図」としてギュッと詰めこんでいく、というのが「最後心」の考え方であるからです。

そのようにして「今日」という日を充実したものにして、その充実した日々を積み上げていくことによって、一生を充実したものにする、というのが「最後心」の理念であるのです。

では、どのようにすれば「今日」という日が充実したものになるのかといえば、それは

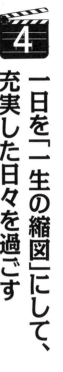

「バランスよくいろいろなことをやる」ということだと思います。

朝から晩まで仕事ばかりに明け暮れているのでは、「充実した一日」にはなりません。かといって、もちろん、リラックスしてばかりいるのでも遊んでばかりいるのでも「充実した一日」にはならないでしょう。

集中して仕事をがんばる時間があれば、リラックスする時間も必要です。家族や友人と団らんする時間も、個人的な趣味を楽しむ時間も必要です。本を読んで物思いにふける時間も大切です。

いろいろなことをバランスよく取り入れてこそ「一日が一生の縮図」になると思います。そして、その一日は充実したものになっていくはずです。

ちょっと欲張りなように思えるかもしれませんが、「最後心」を持つことによって時間の使い方がうまくなり、一日の中で多くのことを楽しめる人になってほしいと思います。


一日の生活の中に、いろいろなことをバランスよく取り入れる。

5 一生懸命になって生きている人は、いつまでも若々しい

充実した日々を送っている人は、年齢を重ねても、いつまでも若々しいと言えます。仕事をがんばり、そしてプライベートを大いに楽しんで暮らしている人は、精神的にも肉体的にも若いのです。

そして、その若々しさを作り出しているのが、ある意味、「最後心」であると言えます。「最後心」は、「今日という日を、人生最後の日だと考えて生きる」ということです。

それは、自分の人生の最後について考えることです。

そういう言い方をすると、「最後心なんて持ったら、かえって老け込んでいってしまうのではないか」と心配する人も出てくるかもしれません。

でも、そんな心配はいりません。自分の人生の最後を意識することで、かえって心身ともに若返っていくのです。また、自分の人生の最後を意識することで、逆に長生きできる

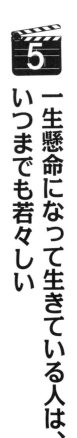

とも考えられます。

というのは、自分の人生の最後を意識することで、「今日という日を大いに楽しんでいこう。今日一日を充実したものにしよう」という意欲が高まるからです。

そういった生きることへの強い意欲が、心身に若々しさをもたらしてくれるのです。

ですから、「最後心」を持つことによって、人はかえって若返っていくのです。

発明王と言われたトーマス・エジソンは、「一生懸命に生きている人は、決して歳を取ることはない」と述べました。

仕事にも遊びについても「大いに楽しんでやろう」という意欲を持って一生懸命に生きている人は、「歳を取ることはない」のです。

いつまでも若々しくいられるのです。

そして、その「一生懸命に生きる」ということへの原動力となるのが、「最後心」であると言ってもいいのです。

一生懸命に生きていると、
若返る。

6 「最後心」によって、青春の頃を取り戻す

アメリカの実業家であり詩人でもあったサミュエル・ウルマンは、『青春』という詩の中で、「青春とは人生のある期間を言うのではなく、心の持ち方を言う」と述べました。

つまり、若々しさを保っていくためには「心の持ち方」が大切だということです。

年齢を重ねた人であっても、心の持ち方が若々しい人は「今が青春」と言えるのです。

そして、人に「青春」、つまり「若々しい心の持ち方」をもたらしてくれるのが「最後心」であると言っていいのです。

「今日が人生最後の日になる」という意識を持つことによって、「あれもやりたい。これも楽しみたい」という情熱が生まれます。

また、「私の人生は今日限りなのだから、何か、これまでやったことのないことにチャレンジしてみたい」という冒険心にも火がつきます。

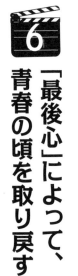

一方で、人によっては「自分が生きてきた証として、自分にしかできないものを作り上げて残したい」という創造性も生まれます。

絵を描いたり、俳句を作ったり、作曲をしたり、エッセイを書いてみたり、といった創造的な精神が活発化するのです。

「最後心」を持つことによって、そのような「情熱」や「冒険心」や「創造性」が生まれ、心の持ち方が若々しくなっていきます。

したがって、「最後心」を持つことによって、「今日が最後の日」でありながら、「今日という日が、私の青春の一日」にもなるのです。

「最後心」を持つことによって、50代の人であろうと、60代であっても、10代、20代の頃の青春を取り戻すことができ、寿命も延びる可能性があります。

「心の持ち方」で若々しい人になる。

7 好きなことをやって、しかも迷惑をかけない生き方をする

中国の古代思想家である孔子《こうし》は、「70代という年齢になって、やりたいことを好きなようにやっても、世間から非難されることがないような生き方を実現できるようになった」と述べました。

当時の年齢で、70代といえば、かなり寿命に近い年齢だと思います。

日々、「今日が人生で最後の日になるかもしれない」という意識を持ちながら生活していくような年齢です。

孔子はそのような年齢になって、「好きなように生きて、世間から非難されることもない」という境地を見いだしたと言うのです。

これも「最後心」の一つのあり方だと思います。

「今日が人生最後の日だ」という意識を持つとき、人は自然に「好きなことを思い切りやっ

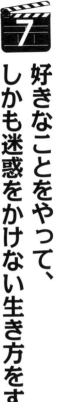

て、楽しい思いで人生を全《まっと》うしたい」と思うようになります。

しかし、好きなことをやって、周りの人たちに迷惑をかけて非難されるようでは、あまり良い「人生最後の日の迎え方」にはならないでしょう。

じつは、「最後心」を持つことによって、「好きなことを思いっきりしたい」という思いと同時に、「周りの人に迷惑をかけてはいけない」という自制心も自然に働いてくるものなのです。

自分の「最後の日」を考えるとき、だれもが「自分のことで周りの人に迷惑をかけてあの世へ逝ってしまうような死に方はしたくない」と思うのではないでしょうか。

周りの人に迷惑をかけてあの世へ逝くことは、ろくな死に方ではないと思えてくるのでしょう。したがって、「最後心」を持つことで、自然に自制心も働いてくるのです。

「自分が好きなことをする」ということと、「周りに迷惑をかけない」ということの、この両者のちょうど良いバランスを保てるように「最後心」が働いてくれるのです。

「最後心」を持つと、
自然に自制心が働くようになる。

8 夕日が輝くように、命を輝かせて生きる

一般的には、人は年齢を重ねると心身ともに衰えていくと考えられています。意欲や情熱を失って、好きなことができなくなり、生きる意欲が衰えていく、と思われています。

確かに、そのような老い方をしていく人もいるのかもしれません。しかし、心の持ち方によっては、年齢を重ねていくにつれて、より若々しい生き方をしていくことも可能なのです。

中国の古典で、人の生き方を説いた書物である『菜根譚《さいこんたん》』(16〜17世紀頃に洪自誠《こうじせい》が著したと言われる)には、「日が暮れ落ちていくとき、夕日が美しく輝くように、賢人というものは最晩年にあって、もっとも生命を美しく輝かせる」という言葉があります。

この言葉にあるように、心の持ち方によっては、年齢を重ねていくにつれて「命の輝き」

を増していくような生き方もできます。

そして、そのような輝かしい生き方を実現するために大切なことは、「最後心を持つ」ということなのです。

「今日が人生最後の日だ」と考えることによって、その今日という日を「充実したものにしよう。楽しもう」という意欲が増します。

つまり、「心の持ち方」が前向きになっていくのです。

それが、命を輝かせます。

まさに日が暮れ落ちていくとき、夕日が美しく輝くようにして、命が若々しい輝きを増し始めるのです。

そのような輝きある人生をもたらしてくれるのが、「最後心」です。

輝きのあるポジティブ人生は、だれにでも実現できるのです。

年齢とともに「命の輝き」が増す、「心の持ち方」を知る。

9 人生は掛け算、「願望×行動ゼロ」では成功は望めない

「人生は掛け算である」とも言えます。

一方に「願望」があります。

もう一方に「行動」があります。

この「願望」と「行動」が掛け合わされることによって「成功」が導かれます。

つまり、

「願望×行動＝成功」

なのです。

しかし、もし行動が「0（ゼロ）」だったら、どうなるでしょう。

「10（願望）×0」の答えは「0」です。

「100（願望）×0＝0」です。

つまり、いくら大きな願望を持っていたとしても、行動がゼロならば、成功もゼロなのです。

行動しなければ、成功する可能性はない、ということです。

したがって、もし成功を手にしたいと思うのであれば、願望を持つのと同時に、その願望を叶えるために覚悟を決めて行動することが大切になってくるのです。

失敗することや、他人に非難されることを怖れて、行動するのをためらっていたら、成功という答えを出すことはできないのです。

「失敗したら、失敗したときのことだ」「他人から、どう思われるかなんて気にしない」と覚悟を決めて行動してこそ、大きな成功を手にすることができるのです。

そして、そのような覚悟を決めるときに役立つのが「最後心」です。

「自分の人生には、もう今日という日しかない」という意識を強く持つことで、怖れる気持ちを振り払って積極的に行動できるようになります。

行動しない限り、
成功はやって来ない。

第8章 欲や悩みから離れて、心安らかに生きる

「最後心」を持つと、「断捨離」がスムーズに進む

1 「最後心」が、人の心を清らかにしてくれる

「今日がもし自分の人生の最後の日だったら」と想像したとき、「もっとお金儲けをしたい」と考える人はおそらくいないと思います。

「もっと出世して、だれよりも偉くなりたい」と強く望む人もいないと思います。

いくらお金儲けをしたところで、今日が最後の日となるとすれば、お金の使い道はなくなってしまいます。

あの世へ、お金を持っていくことなどできません。

また、いくら出世したからといって、明日という日がないのであれば、その権力の使い道がありません。

権力など、まったく無意味なものになってしまうのです。

むしろ、「思い残すことなく、今日という日を大いに楽しみたい」と考える人が多いのではないでしょうか。

そういう意味で、「最後心」は、お金や権力への欲から人の心を解き放ってくれるとも言えるのです。

そして、「最後心」は、その人の心を清らかなものにしていくものなのです。

人の心は、生きていく中で、いろいろな我欲のために汚《よご》れていきます。

我欲によって心が汚れれば、そこにさまざまな悩みや怒りや悲しみが生じます。

そして、みずから、そのようなネガティブな感情で苦しむことになるのです。

したがって、もし「最近、心が汚れてきたようだ」と感じてきたときには、「今日は人生最後の日だ」と自分に言い聞かせてみるのがいいと思います。

心から我欲が取り払われて、清々しい気持ちになっていくでしょう。

そして、我欲にとらわれて生きるよりも、もっと大切な生き方が見つかります。


心が汚れてきたかなと思えたときには、『最後心』を思い浮かべてみる。

2 「最後心」を持つと「断捨離」がスムーズに進む

「断捨離《だんしゃり》」という言葉があります。

「どうでもいいことを断ち、必要のないものを捨て、執着から離れる」という意味です。そして、なるべくシンプルな生活を送っていくことが、安らぎと幸福につながっていく、という考え方です。

しかし、そのようなシンプルライフを目指しながらも、「どうでもいいことを、なかなか止められない。使わないものだとわかっていても、捨てられない。執着から離れられない」と感じる人も少なくないようです。

そのように断捨離の生活を目指しながらも、それを果たせないでいる人は、「最後心」を持つということが一つのポイントになります。

「今日は人生での最後の日だ。明日という日はない」という意識を強く持つのです。

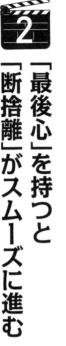

「今日が最後の日」となれば、どうでもいいことに時間を奪われている暇などなくなります。「それよりも、もっと大切なことをやらなければならない」という気持ちが強くなっていきます。

また、「明日はない」のですから、必要のないものを持ち続けることなどバカらしくも思えてきます。思い切ってモノを捨てる気にもなります。そして、「身辺を整理して、スッキリとさせておこう」という気持ちが強く働くようになります。

つまり、いろいろな意味で執着心から解き放たれて、シンプルで快適な生活を心がけていきたい、という気持ちが高まるのです。

そういう意味で、「最後心」を持つということは、生活のあり方や、また心のあり方を整理する上で役立つのです。

「最後心」を持って、いらないものを捨て去る。

3 「自分の生活に必要な分だけで満足だ」と考えてみる

中国の古代思想家である荘子《そうし》は、「カワウソという生き物は、自分のおなかを満たすだけの水しか飲まないものだ」と述べました。

カワウソという生き物は、川で暮らしています。

当時、中国大陸を流れる黄河という川には、このカワウソが棲《す》んでいました。

黄河は、とても大きな川です。

当然、大量の水が流れています。

しかし、そんな大きな川に暮らしながら、「カワウソは自分のおなかを満たすだけの水しか飲まない」そうです。

黄河には大量の水があふれているのですから、飲もうと思えば、どんどん水を飲むことができます。しかし、それにもかかわらずカワウソは、必要な分しか水を飲まないのです。

つまり、荘子は、この話で「欲張ってはいけない」ということを指摘しているのです。

また、このカワウソは、「人間」を示しています。

「黄河のような大きな川に棲みながら、カワウソは自分のおなかを満たすだけの水しか飲まないように、人間も、たとえ有り余るお金を得られるような状況があったとしても、自分の生活に必要なだけのお金を得られればいい」ということです。

荘子は、「欲を少なくして、自分の生活に必要なものだけを求める生活をしていくことが、人間の幸福につながる」と教示しているのです。

このように、「欲の少ない生活」を実践する意味で、役立つのが「最後心を持つ」ということなのです。

人は、「今日が人生最後の日だ」という意識を持てば、自分に必要のないものまで追い求めることなどしなくなるのです。

欲を少なくして生きていくほうが、幸せになれる。

4 「無用の長物」を減らす努力をしてみる

「無用の長物《ちょうぶつ》」という言葉があります。

「長すぎて、役に立たないもの」を意味します。

そこから、単に「邪魔なもの」「役に立たないもの」を指し示す言葉になりました。

一般的によく使われる言葉ですが、この「長物」の語源は仏教にあります。

仏教では「長物」を「じょうもつ」と読みます。

また、意味も「長いもの」ではなく、「日常生活で必要となるものを『超えた』もの」という意味になります。

仏教での「長」は、「超える」なのです。

人が出家をして仏道修行に入るときには、衣類など生活するために最低限必要になるものしか寺には持っていきません。

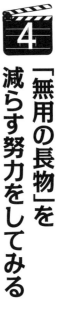

それ以外のものは、すべて「長物」なのです。

長物は心を惑わす大きな原因の一つになるので、持っていかないのです。

ものを持つと、「もっと欲しい」という欲が膨らむからです。

生活に最低限必要になるものしか持たないことで欲から離れ、そのことによって心の安らぎを得るのが、仏教の考え方なのです。

一般の人も、一度、所有物を生活に必要なものと必要でないものに分けて、必要でないもの、つまり「長物」をできるだけ少なくしていくよう努力してもいいと思います。

その結果、欲が減少し、心の安らぎが得られると思います。

「最後心」を持つことによって、そのような所有物の取捨選択が容易にできるようになってきます。

心の安らぎのため、
必要のないものを持たないようにする。

5 江戸っ子が持っていた「最後心」に学んでみる

「江戸っ子は宵越《よいご》しの銭を持たぬ」という言葉があります。

江戸時代、江戸の街でおもに行商などで収入を得ていた庶民は、その日に稼いだお金はその日のうちに使い切ってしまう人が多かったようです。

「明日のことが心配だから、貯蓄しておこう」などと考える人はあまりいませんでした。暮らしていくためのお金はその日に稼ぎ、そしてその日に稼いだお金はその日のうちに使い切って、その日の暮らしを大いに楽しんでいたのです。

それでも江戸時代の一部の庶民は、楽しく幸せに暮らしていくことができたのです。

江戸の庶民も、ある意味、「最後心」を持って暮らしていたのかもしれません。

「今日は人生の最後の日だ」という意識があったからこそ、その日に稼いだお金はその日に使い切ることができたのでしょう。

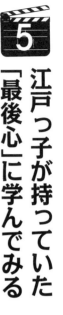

そして毎日の暮らしを大いに楽しんでいたのです。

そこには「明日への心配」など、まったくありませんでした。

そして、「今日という日を大いに楽しみたい」という気持ちがありました。

もちろん、現代人にとっては、今日得た収入をその日のうちに使い切るなどという生活を送ることは、現実的に不可能だと思います。

稼いだお金を貯蓄していく必要もあることでしょう。

しかし、一部の江戸っ子が持っていたような「明日のことを心配しない」「今日という日を大いに楽しむ」という精神については多少は見習ってもいいと思います。

こうした意識を持って生きていくことが、現代人にとっても「幸せな暮らし」につながっていくのではないでしょうか。

また、ポジティブな生き方にもつながると思います。

明日のことを心配しない、
今日という日を大いに楽しむ。

6 「最後心」を持つと、楽天的になれる

人は、いろいろなことに悩みながら生きています。

仕事について、人間関係について、お金に関してなど、人はさまざまなことで悩みます。できることなら何一つ悩みなく生きていければ、それに越したことはないと思いますが、それはほとんど不可能なことでしょう。

ただし、同じ悩みであっても、その受け止め方は人によって違います。

たとえば、仕事がうまくいかなくて悩むとします。

ある人は、それでも「大したことじゃない。まあ、何とかなるだろう」と楽天的に受け止めます。

しかし、深刻に受け止めて「私はもうダメだ」と考える人もいます。

「私には能力がない」と、自信を失ってしまう人もいます。

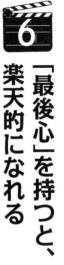

できれば、悩み事に関しては楽天的に考えていくほうがいいと思います。

そのほうが幸せに、心安らかに生きていけるのです。

「最後心」の効用の一つに、「楽天的になれる」ということが挙げられます。

「今日が最後の日になる」と考えると、今の悩み事など、どうでもいいような小さなことに思えてくるからです。

「今日が人生最後の日になる。明日になれば、すべての悩み事なんて消えてなくなってしまう」と考えることで、心が楽になっていきます。

そして、小さなことで悩んでいるのがバカらしく思えてくるのです。

その結果として、明るく前向きな気持ちで生きていけるようになります。

悩みがあっても、それをあまり気にすることなく、楽天的に生きていけるようになるのです。

「最後心」の効用は、どんな人にも平安をもたらすものなのです。


「こんな悩み事なんて大したことじゃない」

と考える。

7

人生には、あきらめなければならないときもある

あきらめきれずに苦しんでいる人がいます。

たとえば、つき合っていた恋人から突然別れを告げられた、とします。

そして、その恋人は、自分とは別の人と結婚してしまったのです。

しかし、いつまでもその恋人のことがあきらめられず、苦しみ続けます。

そのために、自分のこれからの人生について前向きに考えられなくなってしまうのです。

人生には、残念ながら、あきらめなければならないときもあります。

そういうときには、早くあきらめる決心をするほうが賢明です。

あきらめることで、次の人生のステップへ進んでいくことができるからです。

その意味で言えば、上手にあきらめるためにも「最後心」が役立ちます。

「今日が人生最後の日になる」と意識してみるのです。

そうなれば、もう、あきらめるしかありません。

そして、あきらめたところから、「私はこの先、もっとステキな人と出会って幸せになれるに違いない」といった希望が生まれてきます。

不思議なことなのですが、「今日が最後の日になる」という意識を持つことで、かえって希望に満ちた明日が見えてくるのです。

かつての恋人をあきらめられない人もいれば、採用されなかった会社をあきらめられずにいる人もいるかもしれません。

撤退が決まった仕事をあきらめられないでいる人もいるかもしれません。

その他、いろいろなことで、あきらめられずに苦しんでいる人もいるでしょう。

そのような人は「最後心」を持つことです。

「最後心」を持つことであきらめがつき、意識が前向きになり、前へと進んでいけるようになります。


あきらめることによって、希望が見えてくる。

8 「最後心」で、完璧主義から脱却する

ストレスを溜めやすい性格の一つに、「完璧主義」があります。

何事も100％完全に仕上げないと気が済まない性格です。

この完璧主義的な性格は、「なかなかあきらめられない性格」と言ってもいいでしょう。

たとえば、仕事でちょっとでも不満な点が見つかれば、「この点を改善しなければ完成とは言えない」と考えてがんばります。

「完璧な完成」を目指して、あくまでもがんばろうとするのです。

もちろん「より良いもの」を目指して努力していくことは大切です。

しかし、仕事にしても何にしても、「完璧」というのはほとんどありえないことだと思います。どんなにがんばっても、どこかに不満な点は残るものなのです。

しかしながら、この完璧主義的な性格の強い人は、それが許せません。

不満な点をゼロにするまで、あきらめきれないのです。

そのために、このタイプの人は、「いつまでも一つの仕事をやり終えることができない」ということが往々にしてあります。

ですから、次のステップへと前進していくことができません。

仕事を完成させる前に、自分自身が疲れ果ててダウンしてしまう場合もあります。

そうならないためには、たとえ完璧ではなかったとしても、どこかで「あきらめる」のです。この点が大切になってきます。

不満なところがあったとしても、それは次の課題として、新しいステップへと前進していくことが必要です。

そのためにも「最後心」を持つことは有効です。

「今日が人生最後の日」と考えて、今日の仕事の中で不満が残った部分は、上手にあきらめていくのです。それが前向きに生きるコツです。

今日の仕事は、
今日という日の中でキリをつける。

9

一生懸命やったことにただただ満足する

人生では「期待を裏切られる」ということがよくあります。

たとえば、「これだけがんばって働いてきたのだから、今度の人事では部長にしてもらえるに違いない」と期待している人がいたとします。

しかし、今度の人事で、その人が部長に昇格するという発表はありませんでした。

期待を裏切られたその人は、そこでガクッと落ち込んでしまい、仕事へのやる気を失ってしまうかもしれません。

また、たとえば、「彼女にこれだけ一生懸命尽くしてきたのだから、プロポーズすれば必ず良い返事をもらえるだろう」と期待している人がいたとします。

しかし、実際にプロポーズしてみると、あえなく断られてしまうこともあります。

期待を裏切られ、その人は、相手の女性を怨むことになるかもしれません。または、そこで、落ち込んだまま立ち直れなくなってしまうかもしれません。

そういう意味では、自分が努力したことに関して、見返りをあまり求めないほうがいいと思います。

それよりも、「今日することに全力を尽くし、その充実したことにみずから満足する」という心の習慣を持つほうがいいと思います。

「一生懸命にがんばったのだから、今後（こんな）見返りがあるはずだ」とは考えず、ただ「がんばったことに満足する」ようにするのです。

言い換えれば、「今日が最後の日になる」と考え、今日という日を充実して生き、明日以降のことは考えないようにするのです。

今日したことに満足し、そして気持ちよく今日という日を終わらせるようにしていくのです。

それがポジティブ人生です。


将来への見返りは求めない。

10

「無意味な争い」ほど、つまらないものはない

「蝸牛角上《かぎゅうかくじょう》の争い」という架空の話があります。

「蝸牛」とは、虫の「カタツムリ」のことです。

カタツムリの頭には二本の角《つの》があります。

左側の角には、触氏《しょくし》という支配者がいました。

一方で、右側の角には、蛮氏《ばんし》という支配者がいました。

この触氏と蛮氏は、カタツムリの頭の上で領地をめぐり戦争を始めました。

それを「蝸牛角上の争い」と言います。

この話はつまり、「カタツムリの頭」という非常に狭い領域で激しく争うことなど無意味でつまらないことだ、ということを指摘しています。

さらには、「人間というものは、欲にかられて、このように無意味でつまらないことで

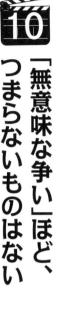

争うことが多い」と示唆しているのです。

賢人というものは、そのような無意味でつまらない争いを避けて、人と仲良くやっていくことを優先していくものなのです。

そこで、狭い社会で「無意味な争い」「つまらない争い」を避けるためにも、「最後心」を持つことが大切になってきます。

「今日は人生最後の日になる」と意識を強く持つことで、モノや金銭、権力といったものへの執着心がなくなります。

そのため、モノや金銭や権力といったものを巡って、狭い世界で人といがみ合ったり、争ったりということもなくなるのです。

「最後心」の精神によって、平和の大切さに改めて気づくことがあります。

「争いは無意味だ」と早く気づく。

第9章
心配や後悔を捨てて、今日という日を生きる

1 将来のことを心配するよりも、今日のことだけ考える

現代は「不透明な時代」だと言われています。

「変化が激しく、この先どうなるかわからないことが多い」

「まったく予想できないことばかり起こる」

といった意味です。

たとえば、今働いている会社にしても、この先どうなるかはわかりません。

現在は順調であっても、将来、業績が急に下がってしまうことだってあるかもしれません。そうなれば給料が下がって、場合によっては、リストラの嵐にあってしまうかもしれないのです。その結果、家族を養えなくなり、買ったばかりの家を手放さなければならなくなることもあるでしょう。

というように、次々と心配事が頭の中に浮かんできます。

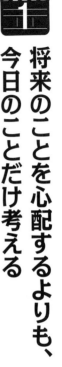

実際、このような不透明な時代にあって、さまざまな心配事に悩みながら暮らしている人も多いのではないでしょうか。

しかし、将来のことをあれこれ心配しても、幸せな明日がやって来ることはありません。

むしろ、今やるべきことへの集中力が損なわれるだけです。そうなれば、悪い運命を引き寄せてしまって、それこそ将来が不幸なものになってしまうでしょう。

そういう意味では、不透明な時代だからといって、将来のことをあれこれ心配しても意味がないのです。

この「将来への心配」を振り払うために役立つのが「最後心」です。

「今日が人生最後の日だ」という意識を持って、今日のことしか考えないようにするのです。

将来どうなるかなど気にしないようにするのです。

そうすれば、将来への心配事に惑わされなくなり、前向きな明るい心になれます。

「最後心」があれば、
将来の心配など考えない。

2 楽天的でいるほうが、病気への免疫力が高まる

「将来、重い病気になるのではないか」ということを心配する人がいます。

特に問題がなくても、

「これを食べたらガンになるのではないか」

「将来、糖尿病になってしまうのではないかと心配だ」

などと神経質になってしまう人もいます。

もちろん、病気にならないように健康に気をつけて暮らしていくことは大切なことだと思います。

しかし、「病気になることを心配しすぎる」ことは、必ずしも良いことではありません。

その「心配しすぎ」がストレスになって、かえって思わぬ病気を招いてしまうこともあるようです。

そういう意味では、病気になることを必要以上に心配しないほうがいいと思います。

今健康ならば、その健康な体で人生を大いに楽しめばいいでしょう。

また、何かしらの病気にかかっている人でも、「この先どうなるんだろう」ということをあまり心配せずに、今日という日を楽しむように考えるほうがいいと思います。

そのためには「最後心」を持つことです。

「今日が人生最後の日だ」と考えれば、将来の病気のことなど心配しないで済みます。

それよりも、今日という日を思う存分に楽しむことを優先して考えるようになります。

このように「最後心」を持って楽天的な気持ちでいるほうが、ストレスもなく、病気への免疫力が高まるのではないでしょうか。

「最後心」は心の健康をもたらします。

やがて病気も回復するかもしれません。

病気の心配をするよりも、
今日という日を楽しむ。

3 現実に起こっていないことを、あれこれ心配しても仕方ない

仏教に次のようなエピソードがあります。

ある禅僧のもとに、一人の学者が訪ねてきました。

その学者は禅僧に、次のように尋ねました。

「仏教は人々に出家を勧めていますが、世の中の人がすべて出家してしまったら、米を作る農民も、商いをする商人も、政治や軍事を行なう武士もいなくなってしまう。そうなったら、世の中が滅んでしまうのではありませんか。いったい、どうするんですか」と。

すると、その禅僧は、

「それは、世の中が滅んでから考えればいいではありませんか」

と答えました。

この話は、「まだ現実に起こっていない先々のことをあれこれ心配することは無意味だ」

という考え方を示しています。

人はよく、「会社が倒産したら、どうしよう」「重い病気になったら、どうしたらいいんだ」と、将来のことをあれこれ心配します。

今現在、会社が倒産したわけではなく、また、重い病気になっていないにもかかわらず、「もしそうなったら、どうしよう」と心配する人もいます。

現実に起こっていないことを心配しても、何も良いことはないのです。

心配すれば、前向きな気持ちを失って、ネガティブになっていくばかりでしょう。

そうでなく、先々のことを心配するよりも、今日の現実的な問題についてポジティブに対応していくほうが生産的です。

そういう意味では、この仏教のエピソードも、「最後心」を持って生きていくことの大切さについて述べているように思います。

心配事には
無意味なものが多い。

4 賢人の心は「鏡」のようなもの、今日のことしか映し出さない

中国の古代思想家である荘子は、「賢人の心は、鏡のようなものだ」と述べました。

「鏡」が映し出すのは、「現在、ここにあるもの」だけです。

鏡は「将来のこと」や「過去のこと」を映し出すことはありません。

賢人は、将来の心配事に心を惑わされることはありません。

また、過去の出来事について、いつまでも心を悩ますことはありません。

鏡が「現在、ここにあるもの」だけを映し出すように、賢人とは、「現在解決しなければならない問題」にだけ考えを集中させるのです。

今に集中して生きていく力を持った人が、賢人なのです。

そういう意味から考えれば、荘子が言う賢人も、やはり「最後心」を持っている存在のように思います。

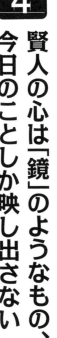

「今日が人生最後の日だ」という意識を持つことで、将来の心配事や過去の出来事に心を惑わされることがなくなるからです。

「最後心」を持つことで、「今日」という日をいかに生きるべきかに気持ちを集中することができるようになります。

したがって、「最後心」もまた「鏡のようなもの」だと言っていいでしょう。

心配事や後悔の感情に惑わされて、今日という日を虚しく過ごしてしまうようでは、実りある人生を実現することはできません。

もちろん、時には、心配事や後悔の感情に心を奪われてしまうこともあるでしょう。

そのようなときには、この荘子が言う「鏡の心」を、また「最後心」という言葉の意味を思い直してみるのがいいと思います。

「鏡」が映すのは、
今日、ここにあるものだけ。

5 周りの評価を気にするよりも、今日という日にベストを尽くす

人には「がんばった分、自分の努力を周りの人たちに認めてもらって、高く評価してもらいたい」という気持ちがあります。

しかし、思いどおりにならないことがたくさんあるのも事実です。

一生懸命になってがんばっても、その努力を認めてもらえないことも多いのかもしれません。それどころか、「まだまだ努力が足りない」と叱られてしまうこともあります。

そんな経験をすれば、本人としても「やってられない」という気持ちになってしまうでしょう。そして努力することがバカらしく思えてくるのです。

しかし、そこでやる気をなくしてしまったら、ますます評判を落としてしまうばかりでしょう。

結局、人は、どんな場合でも努力して生きていくしかないのです。

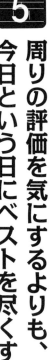

もしそうならば、自分の努力が周りの人たちからどう評価されるのだろうかなどとあまり考えずに、とにかく今日できることを一生懸命やっていくしかありません。それこそが「最後心」の発揮です。

「今日は人生最後の日だ」と考えて、とにかく、今日できることにベストを尽くすのです。

そして、「一生懸命に今日という日を生ききった」と思えたときには、そんな自分に満足を感じたらいいのです。

周りの人が、自分の努力をどう評価するかということは、また別問題だと考えておけばいいのです。

一日一日を「最後心」を持って大切に全力で生きていくのです。

毎日毎日、それを積み重ねていくしかないと思います。

そうすれば、最終的には、多くの人に評価される人生を築きあげることができるでしょう。

今日という日を全力で生きる。

6 世の中は「今日を大切に生きていく人」を見捨てることはない

「自分の努力を、周りの人たちはちゃんと評価してくれるだろうか」と心配している人もいると思います。

確かに、いくらがんばっても、その努力を認めようとしない人もいるかもしれません。

しかし、多くの人は、一生懸命に努力している人を見逃すことはありません。

努力していれば、いずれ必ず多くの人が評価してくれると思います。

中国の古代思想家である老子は、「天の網は大きく、何一つ取り逃がすことはない」と述べました。

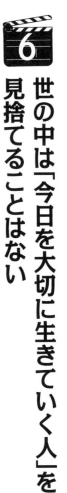

「天の網」とは「世間」とか「世の中」のことで、この言葉は「天の張りめぐらせた網は広くて粗いように見えるけれど、悪人や悪事は決して取り逃がさない」ということです。

これは、「がんばっている人を、世間は取り逃がすことはない。世の中の人たちは必ず、努力をしている人に注目し、高く評価するだろう」とも言えるのです。そして、それは「今日一日を一生懸命になって生きている人」のことではないかと思います。

毎日毎日「今日できることに全力を尽くそう」と、そんな日々をコツコツと積み重ねている人だと思います。

そのように「最後心」を持って今日という日を大切に生きている人を、世間や世の中の人たちは決して「取り逃がす」ということはしません。努力している人を「網」ですくい取って、「この人はすごくがんばっている」と評価して、見いだしてくれるのです。

とにかく大切なのは、「今日という日をいかに生きるか」ということです。

したがって、そのことだけに集中し、「努力は評価されるだろうか」といったような心配など、あまりしなくてもいいのです。

それが、ポジティブな人生を築き上げていく大切なコツの一つなのです。

「今日という日をいかに生きるか」に集中する。

7 先々の心配事など「仮定の話」でしかない

人の心配事の多くは、「～たら」「～なったら」という言葉から出来あがっています。

「破産したら、どうしよう」

「病気になったら、困る」

「会社をクビになったら、ローンを返せなくなる」

「彼女にフラれたら、もう終わりだ」

といった具合です。

つまり、すべては仮定の話なのです。実際、心配しているとおりになるかどうかなど、その時になってみなければわからないのです。

また、人が心配していることのほとんどは、実際には起こらないと言っていいのではないでしょうか。

そうならば、「〜たら」「〜なったら」という仮定の話で、先々のことを心配してもしようがありません。むしろ余計な気苦労が増えていくばかりです。

しかも、いくら心配したからといって、幸福な未来がやって来るという約束が生じるわけでもありません。

したがって、必要のない心配などしないほうがいいのです。

「〜たら」などと仮定の話でしかないことを考えているよりも、今やるべきことに集中するほうが賢明です。

その意味で、「最後心」を持つことが大切になってきます。

「今日が人生最後の日になる」と意識することで、明日以降のことなどを考える必要もなくなります。

それと同時に、明日以降のことを心配する必要もなくなり、ポジティブに生きることができます。

心配事のほとんどは
実際には起こらない。

8 人生は、今日をいかに生きるかに集約される

人生には四つの目標があります。

まず、「長期的な目標」があります。たとえば、「5年後、10年後に、どのような人生を実現していたいか」という目標です。

また、「中期的な目標」もあります。「半年後、1年後に、どれくらいの成果を上げたいか」というようなものです。

さらに、「短期的な目標」もあります。これは、「1週間、1カ月、何をして、どのような成果を上げるか」などです。

そして、「超短期な目標」が、「今日一日の目標」です。

この中でもっとも大切なのは「今日一日の目標」ではないでしょうか。というのも、他

の目標を達成するにしても、結局は「今日一日の目標」を達成していくことの積み重ねでしかないからです。

アメリカの作家で、人間関係学の本をたくさん書いたデール・カーネギーは、「人生とは、今日一日のことである」と述べました。このカーネギーの言葉は、「今日一日の目標を達成していくことの大切さ」について教えてくれています。

今日という日の目標を掲げ、それを達成していくことにベストを尽くします。毎日毎日、今日の目標の達成に集中することで、すばらしい人生を築き上げることができます。

つまり、「今日一日」に、人生そのものが集約されていると言ってもいいのです。

「今日という日を、いかに生きるかを考える」という意味では、このカーネギーの言葉も、「最後心」に通じるものがあります。

あらゆる立場の人に、「今日という日を大切にすればポジティブな人生が送れる」と教えてくれています。

人生とは、
今日という日の積み重ねである。

●著者プロフィール
植西　聰（うえにし あきら）

東京都出身。著述家。
学習院高等科・同大学卒業後、資生堂に勤務。
独立後、人生論の研究に従事し、独自の『成心学』理論を確立。
同時に「心が元気になる」をテーマとした著述活動を開始。
95 年、「産業カウンセラー」（労働大臣認定資格）を取得。

〈ベストセラー〉
・折れない心をつくるたった１つの習慣（青春出版社）
・平常心のコツ（自由国民社）
・「いいこと」がいっぱい起こる！　ブッダの言葉（三笠書房・王様文庫）
・話し方を変えると「いいこと」がいっぱい起こる（三笠書房・王様文庫）
・マーフィーの恋愛成功法則（扶桑社文庫）
・ヘタな人生論よりイソップ物語（河出書房新社）
・カチンときたときのとっさの対処術（ベストセラーズ・ワニ文庫）
・運がよくなる 100 の法則（集英社・be 文庫）
・運命の人は存在する（サンマーク出版）
・願いを９割実現するマーフィーの法則（KADOKAWA）
〈近著〉
・行動力のコツ（自由国民社）
・“他人の目”が気にならなくなる たった１つの習慣（青春出版社）
・あなたを取り戻す３日間（海竜社）

本文イラスト：辻井タカヒロ

迷いを一瞬で消せる
「最後心」の心構え

2020年7月10日　初版第1刷発行

著　　者／植西　聰
発 行 者／赤井　仁
発 行 所／ゴマブックス株式会社
〒107-0062
東京都港区南青山6丁目6番22号
印刷・製本／日本ハイコム株式会社

ISBN978-4-8149-2220-8

※本書は、2017年9月に三五館より刊行された『迷いを一瞬で消せる「最後心」の心構え』を修正しゴマブックスから刊行したものです。